LES

GRANDS INVENTEURS

ANCIENS ET MODERNES

TABLE DES MATIÈRES

PARIS. — IMPRIMÉ CHEZ BONAVENTURE ET DUCESSOIS, QUAI DES AUGUSTINS, 55.

LES

GRANDS INVENTEURS

ANCIENS ET MODERNES

PAR ALFRED DES ESSARTS

OUVRAGE ORNÉ DE 24 LITHOGRAPHIES A DEUX TEINTES PAR A CHÉREAU

PARIS

MAGNIN, BLANCHARD ET Ce, ÉDITEURS (LIBRAIRIE LOUIS JANET)

3, RUE HONORÉ-CHEVALIER.

1864

Magnin & Blanchard, Edit. Imp. Godard, Paris. Albert Chéreau dess.

Triptolème.

I

TRIPTOLÈME

Aux temps de l'ancienne Grèce, une femme accablée de fatigue et offrant sur ses traits l'image du deuil le plus profond se présenta à une des portes de la ville d'Éleusis, et là se laissa tomber sur une grosse pierre qui servait aux voyageurs.

Elle tenait le front penché; des larmes inondaient son beau visage; la poussière du chemin avait souillé ses pieds et sa tunique.

On put l'entendre dire : — O ma fille chérie, toi que j'avais nourrie d'ambroisie et de nectar, c'en est donc fait, je ne te reverrai plus !.. Vaine a été ma recherche, stérile ma douleur. On t'a ravie à mon amour. Ah! du moins si je pouvais mourir pour boire de l'eau du Léthé!

Comme elle se lamentait ainsi, le roi des Éleusiens sortit gravement de son palais et marcha vers l'étrangère. C'était un vieillard majestueux. Il s'était ému en apprenant qu'il y avait non loin de lui une femme qui pleurait.

— Veux-tu, dit-il, venir loger sous mon toit? Rien ne t'y manquera; mes serviteurs te laveront les pieds, et Métanire, ma compagne, te donnera ses figues les plus vermeilles.

— Je te rends grâces, ô roi, répondit-elle; mais depuis que j'ai eu l'affliction de perdre ma fille, je me suis promis de ne plus prendre de repos et de ne plus m'étendre sur un lit.

— Ta tristesse ne m'étonne pas, répliqua Céléus; bientôt je la ressentirai pour ma part. Mon cher petit Triptolème ne peut plus goûter de sommeil; les Parques m'envient mon bel enfant.

A ces mots, et sans s'expliquer, l'étrangère se leva en indiquant du doigt le palais. Son geste était celui du commandement. Le roi, tout étonné, la guida lui-même. Il l'introduisit dans la salle des festins.

— Pas ici, dit l'étrangère, mais dans la chambre où le sommeil manque à votre Triptolème.

Il était pâle et sans forces, le pauvre enfant du roi. La femme entra, et aussitôt il parut se ranimer. Elle s'approcha de lui, et il sourit. Elle écarta sa chlamyde et lui présenta le sein. Il but avidement un lait généreux, puis il s'endormit profondément.

—Votre fils vous sera conservé, dit l'étrangère, tandis que Céléus et Métanire tombaient à ses pieds en s'écriant: — Vous êtes une immortelle.

—Ne m'interrogez pas, dit-elle. Vous avez eu compassion de moi, et vous en serez récompensés. Seulement, confiez-moi le soin d'élever votre fils.

Le roi et sa femme lui demandèrent si elle en ferait un grand guerrier, habile à manier la lance et à faire voler un char dans le combat.

—Faibles mortels, croyez-vous que l'art de la guerre soit utile aux hommes?

—Oui, dit Céléus; c'est le moyen d'agrandir ses États.

—Sois tranquille: ton fils, grâce à mes conseils, deviendra le conquérant du monde.

Ils se turent, pleins d'une admiration craintive. Dès ce moment, les Éleusiens regardèrent Triptolème comme prédestiné et sacré.

Cependant l'enfant royal était devenu un homme sous les regards vigilants de l'étrangère. Un jour vint où elle lui donna un char traîné par deux dragons et lui mit du blé dans la main.

— Va, dit-elle, par toutes les nations: tu n'auras qu'à semer çà et là quelques-uns de ces grains. Ils croîtront pour servir à la nourriture de tous les hommes, et tous les hommes te béniront.

—Mère, répliqua Triptolème, n'est-il pas juste que ce soient d'abord les Éleusiens qui profitent de ce bienfait?

— C'est juste, et il sera fait selon ton désir pieux.

Quand le blé fut venu, Triptolème dit à l'étrangère:

—Mère, n'est-il pas juste que nous établissions une fête en l'honneur de Cérès, la divine protectrice des moissons?

—Agis, ô mon fils, selon ton désir pieux.

Le temple avait été garni de guirlandes; sur l'autel on pouvait contempler de belles gerbes dorées: un chœur de jeunes filles chantait une hymne, tandis que le vieux roi pleurait d'attendrissement, et que Triptolème, agenouillé, offrait à la déesse les prémices de ses sillons.

A travers sa prière, il pensait tendrement à sa mère adoptive et il la cherchait d'un regard inquiet, quand un murmure des assistants lui fit lever les yeux. Il vit alors l'étrangère qui, par les degrés de marbre, avait gravi l'autel et venait d'y poser le pied.

—Sacrilége! sacrilége!... cria la foule.

L'étrangère sourit avec calme, envoya de la main un baiser d'adieu à son bien-aimé Triptolème et fut soudain enveloppée d'une nuée rose dans laquelle elle s'éleva au ciel.

Et l'assemblée entière, prosternée avec Triptolème, disait en pressant de ses lèvres le pavé du temple:

—C'était Cérès!.. Béni soit le blé que notre prince nous a donné en son nom!...

Magnin & Blanchard, Edit. Imp. Godard, Paris. Albert Chéreau dess.

Archimède.

II

ARCHIMÈDE

287 ans avant J.-C.

Les Romains, ces rudes conquérants du monde entier, ont résolu de ranger la Sicile au nombre de leurs provinces. Leur flotte est devant Syracuse, qui se défend avec l'énergie du désespoir. Les machines meurtrières, balistes et catapultes, lancent à tout instant d'énormes pierres qui portent la mort dans les rangs des assiégés. Déjà les trirèmes se sont rapprochées et interceptent tout secours qui pourrait venir aux Syracusains par la voie de la mer. Métellus a promis la victoire à ses soldats, et la victoire ne peut leur manquer.

Seul, un homme ne désespère point de repousser les conquérants barbares. Ce n'est pas, comme son parent le roi Hiéron, avec la lance et les flèches qu'il combattra: il a invoqué la science, sa meilleure amie. Elle lui donne des armes terribles.

Voyez-le placé sur le point le plus favorable pour l'exécution de son dessein. Ses bataillons, ce sont des miroirs ardents. Par ce moyen, et sans avoir besoin d'employer l'éperon des vaisseaux siciliens, il porte l'incendie dans la flotte des Romains. Leurs navires s'enflamment sans qu'on puisse reconnaître la main invisible qui a allumé le feu. Non, l'auteur de ce prodige n'est pas reconnu, mais chacun le nomme; parmi les assistants chacun s'écrie: — C'est Archimède! Il n'y a qu'Archimède qui soit capable de trouver de tels moyens de défense.

Et cependant la ville fut prise, parce qu'il était écrit que rien n'empêcherait la puissance romaine d'arriver à son faîte jusqu'à ce que les fils du Nord vinssent la détruire.

La première pensée de Métellus fut d'ordonner à un soldat d'aller chercher et de lui amener Archimède avec tous les ménagements possibles.

Le savant était absorbé dans ses profonds calculs; il ignorait complétement ce qui se passait au dehors ; la ville était prise, et il s'occupait encore du soin de la défendre.

—Viens, lui dit brusquement le soldat ; le consul te demande.

Archimède ne répondit pas.

Le soldat réitéra son invitation, sans parvenir à se faire entendre. Furieux alors et se croyant l'objet du mépris d'Archimède, il tira son glaive et le lui plongea dans le corps.

Ainsi tomba cet homme prodigieux qui avait deviné presque toutes les sciences modernes et créé la mécanique et l'hydrostatique ; cet homme qui inventa la poulie pour élever les fardeaux les plus lourds et la vis creuse dans laquelle l'eau monte par son propre poids ; cet homme enfin qui écrivit les *Traités des Spirales* et de la mesure du cercle, à une époque où le génie pouvait deviner les théories, sans en posséder la démonstration.

On peut le dire, Archimède fut le père de la science ; et soit fable, soit réalité, nous comprenons qu'un jour, ivre de joie à la suite d'une découverte, il ait couru à demi-nu par les rues de Syracuse en criant : *Je l'ai trouvé! je l'ai trouvé!*

Il avait soixante-quinze ans lorsqu'il périt sous le fer d'un soldat grossier. Métellus fut inconsolable de cette perte et détesta l'auteur du meurtre. On rapporte que, selon le vœu qu'avait formulé le vieillard, il lui érigea un tombeau surmonté d'une colonne qui portait gravée en creux l'image de ses découvertes.

Plus tard, quand Cicéron vint en Sicile, son premier soin fut de chercher le tombeau d'Archimède. A grand'peine on le découvrit sous les ronces qui l'avaient envahi. L'oubli des hommes est la racine de toutes les plantes parasites. Cicéron demeura pensif devant ce mausolée dévasté par les ans et il ne put prononcer que ce mot : « Archimède ! »

C'était la plus belle oraison funèbre.

Magnin & Blanchard, Edit. Imp. Godard, Paris. Albert Chereau dess.

Roger Bacon.

III

ROGER BACON

Né en 1214. — Mort en 1292.

PARIS, au XIIIe siècle, avait le glorieux privilége d'attirer dans le sein de son Université des étudiants de l'Europe entière. Parmi ces jeunes gens, il y en avait un surtout remarquable par son ardeur au travail. C'était un Anglais nommé Roger Bacon, issu d'une famille ancienne, mais pauvre. Il ne retourna dans sa patrie qu'avec le titre de docteur en théologie. Aussitôt il entra chez les franciscains d'Oxford, et se voua à la science. Il lui fallait des livres, des instruments : ses amis les lui fournirent généreusement; l'évêque de Lincoln le protégea. Mais, à cette époque, la véritable science était un titre à la persécution. Ce fut de haut que lui vint l'inimitié : le pape Innocent IV le fit jeter en prison. Il n'y eut que Clément IV qui le soutînt. Sous les pontifes suivants, la haine de ses rivaux fut secondée par l'autorité du saint-siége. Longtemps l'auteur de l'*Opus majus*, l'inventeur sublime du télescope, languit dans un cachot, sans pouvoir se justifier auprès de ses persécuteurs. Il est prouvé aujourd'hui que l'invention de la poudre à canon est due au moine anglais. Il en donna positivement la formule, lorsqu'il écrivit qu'avec du salpêtre, du soufre et du charbon, l'on peut imiter le tonnerre.

Il était loin de prévoir les effets que sa découverte entraînerait pour la civilisation. L'imprimerie et la poudre à canon ont réellement révolutionné le monde et introduit la société moderne. La seconde notamment a mis fin à la barbarie des luttes corps à corps et elle a fourni de plus à l'homme policé le moyen puissant de triompher des nations féroces, des animaux sauvages et de renverser par la mine les obstacles que la nature lui oppose.

Tout ce que toucha Roger Bacon porte l'empreinte du génie. Ses travaux sur la géographie furent de la plus haute importance. Il réforma le calendrier. Ajoutons que son style latin était d'une rare élégance pour le siècle auquel il vécut. La science ne le détournait pas des lettres et on a de lui, entre autres opuscules ingénieux, un écrit sur la conservation de la jeunesse. C'est sans doute là où M. Flourens a été chercher l'idée de son excellent livre sur la *longévité humaine*, livre qu'on devrait non-seulement lire pour son plaisir, mais étudier sérieusement pour son utilité.

Roger Bacon ne rencontra pas que des détracteurs, que des aristotéliciens fanatiques : il eut ses partisans qui le surnommèrent le *Docteur admirable*. Il possédait à fond les langues latine, grecque, hébraïque, arabe ; car il professait qu'il faut pouvoir lire les anciens dans le texte original. A ses yeux, les mathématiques étaient la clef de voûte des autres sciences. Il aimait à s'entourer de jeunes gens qu'il instruisait et qui, à leur tour, l'aidaient dans ses recherches expérimentales. Quand on pense aux tracasseries que lui suscitaient perpétuellement ses supérieurs, on a peine à comprendre comment il put exécuter tant de travaux ardus qui demandent à l'esprit toute sa force et toute sa liberté. Après sa condamnation comme hérétique et « novateur, » ses livres furent enchaînés aux tablettes de la bibliothèque des cordeliers d'Oxford où ils furent entièrement rongés par les vers.

Il faut que ce grand génie ait été bien malheureux pour qu'il ait pu, sur son lit de mort, laisser échapper cette plainte amère : « Je me repens de m'être donné tant de peine dans l'intérêt de la science. »

Dans l'église des Franciscains d'Oxford, on a montré longtemps la cellule où travaillait le *frère Roger*.

Magnin & Blanchard Edit. Imp. Godard, Paris. Albert Chéreau dess.

Van Eyck.

IV

JEAN VAN EYCK

Né à Mieseyck en 1370.—Mort en 1445.

C'ÉTAIT au XIVe siècle, quand la peinture avait encore ces formes roides, mais aussi cette naïveté, ce fini, ce coloris brillant, qui ont marqué les maîtres antérieurs à la Renaissance. Alors, tantôt à Ypres, tantôt à Gand, tantôt encore à Bruges, on voyait deux frères, Hubert et Jean Van Eyck, associés dans une touchante communauté de travaux. La toile que l'un avait commencée était souvent terminée par l'autre. Ensemble ils peignaient parfois le même tableau; si Hubert quittait la palette, Jean la saisissait et achevait la figure ou l'étoffe que son frère aîné avait ébauchée. Il y avait entre eux une telle similitude de talent, qu'on n'eût jamais pu deviner ce qu'on devait attribuer à Hubert ou à Jean.

Le premier avait quatre ans de plus que le second et il lui avait servi de maître.

Il serait rare de voir aujourd'hui deux frères confondre ainsi étroitement leurs inspirations et leur labeur.

Mais il n'est si belle union qui ne doive être rompue, et ce malheur advint aux deux Van Eyck en l'an 1426. Hubert mourut, laissant à son frère le soin de continuer seul l'œuvre qu'ils avaient poursuivie si vaillamment ensemble. Jean ne faillit pas à ce devoir, quelque profonde que fût sa douleur. Il s'établit à Bruges et demanda à l'Art les précieuses consolations qu'il peut offrir.

La faveur du souverain le seconda dans ces efforts pénibles d'un homme qui recommence isolément la vie après s'être nourri d'affection. Philippe le Bon, comte de Flandre, lui commanda les *Vieillards et les Vierges de l'Apocalypse.* Jean fit pour son époque une merveille. Il est impossible de voir des têtes et des étoffes d'un fini plus admirable.

Ce fut alors qu'il découvrit l'art de peindre à l'huile,—c'est-à-dire le procédé définitif qui assure aux toiles une durée certaine. Honneur à Jean Van Eyck ! Sans lui n'eussent existé ni Rubens, ni Titien, ni Véronèse, ces coloristes par excellence. Et encore ses œuvres ont tant de fraîcheur, que la postérité est en droit de se demander si ce maître a transmis à ses élèves son secret tout entier et s'il n'employait pas certains vernis dont la composition nous est restée inconnue.

Ce fut à Antonello da Messina qu'il confia sa découverte, et celui-ci la porta chez les Vénitiens, ce dont nous devons lui savoir bon gré.

Mais, puisque nous avons parlé de la tendresse réciproque des deux frères, ne commettons pas un oubli coupable envers la mémoire de Marguerite Van Eyck, leur sœur. Marguerite était douée du même génie qu'eux ; elle aussi excellait dans la peinture, et la peinture fut la passion de sa vie. L'histoire de l'art a enregistré son nom à juste titre. Souvent cette main, si habile à tenir le pinceau, fut recherchée et sollicitée ; mais au bonheur et à la vie de Marguerite il suffisait de peindre. Aussi disait-elle en montrant ses tableaux : « Voilà mes enfants ! » Et ces enfants-là furent immortels.

Magnin & Blanchard, Edit. Imp. Godard, Paris. Albert Chéreau dess.

Guttemberg.

V

GUTENBERG

Né à Mayence en 1395.—Mort en 1468.

Le moyen âge offre une des phases les plus intéressantes parmi les nombreuses révolutions accomplies par l'esprit humain : c'est lui qui a préparé aux siècles suivants la plupart des découvertes auxquelles la civilisation actuelle doit sa supériorité : la boussole, le télescope, la gravure et enfin le plus admirable des arts, l'IMPRIMERIE.

Par une sublime économie de la Providence, les découvertes arrivent précisément quand la société en a besoin pour prendre son élan. Or au temps où naquit l'imprimerie, une ardeur de savoir et de comprendre venait de saisir l'Europe entière. Toutefois, les richesses de l'esprit n'étaient pas le partage de tous; quelques privilégiés seulement pouvaient se procurer des manuscrits originaux et des copies, où ils allaient puiser comme à la source de la science. Un livre était alors chose sacrée. La possession d'un seul exemplaire était extrêmement rare, et le plus commun se payait six ou huit cents livres.

Charles V, ce roi sage, qui prisait tant la science, avait formé à grands frais dans son Louvre une bibliothèque de neuf cents volumes, qui passait pour la merveille de son siècle. C'est que neuf cents volumes représentaient bien des existences de moines, écoulées sur un pupitre noirci par le temps, où se trouvait attaché par une solide chaîne de fer le volume révéré. Le copiste, parfois, avait commencé jeune homme son œuvre de patience et il la finissait vieillard à cheveux blancs.

Telles étaient les bornes imposées à la transmission de la pensée humaine, lorsque Gutenberg vint révéler au monde le secret de se passer des copistes, de remédier à la lenteur de leurs procédés, de multiplier et de perpétuer à jamais chaque nouveau produit de l'intelligence.

Pour assister à la naissance de cet art magique, il faudrait pénétrer, vers le milieu du xve siècle, dans une cellule du vieux monastère abandonné de Saint-Arbogaste, dont les ruines se mirent dans le Rhin et regardent Strasbourg. Là, un homme à la barbe longue, au front pâle, à l'œil inspiré, semble absorbé par une profonde méditation ; soudain, il se lève, et cette exclamation pleine de l'extase du génie satisfait sort de sa bouche : « Je suis immortel! »

En effet, il devait être immortel, celui qui venait de trouver la solution d'un problème longtemps poursuivi ; celui, qui, comme l'a dit un célèbre écrivain, était appelé à spiritualiser le monde en couvrant le globe de caractères, où la pensée allait s'incarner comme un élément nouveau.

Quant à l'inventeur, il eut le sort de la plupart d'entre eux ; une vie consumée, un nom méconnu, et l'oubli de ses contemporains, vieille et éternelle histoire, légende de plus dans le martyrologe du génie.

On pense généralement que Gutenberg s'associa à Fust et Schœffer. Le premier livre qui sortit de leurs presses de Mayence fut une édition de la Vulgate, communément appelée la *Bible mazarine,* parce qu'on en découvrit un exemplaire dans la bibliothèque de Paris qui porte le nom du cardinal Mazarin. On suppose qu'elle fut imprimée entre les années 1450 et 1455. En 1457 parut une édition du *Psautier,* dans laquelle la nouvelle découverte fut annoncée au monde, avec une emphase qui n'avait certainement rien de déplacé. Une seconde édition du *Psautier,* une d'un livre d'église, le *Détail de la liturgie,* par Durand, une édition des *Constitutions* du pape Clément V, et une d'un traité populaire sur la Science universelle, remplissent l'intervalle de l'année 1457 à l'année 1462, où les mêmes imprimeurs publièrent la seconde bible de Mayence.

Gutenberg descendait d'une famille noble. On manque de renseignements sur les circonstances antérieures de sa vie ; mais il est vraisemblable qu'il s'occupa de bonne heure de travaux mécaniques, ce qui le conduisit à sa grande découverte. Des collisions, qui éclatèrent à Mayence entre la bourgeoisie et la noblesse, le décidèrent à aller s'établir à Strasbourg. C'est là, nous l'avons dit, qu'il inventa cet art précieux de composer des livres avec des caractères mobiles. De retour dans son pays, Jean Gutenberg vécut constamment occupé et infatigable. Son imprimerie exista à Mayence jusqu'en 1465. Vers ce temps-là, il fut accablé et mourut bientôt après, le 24 février 1468. Une statue en bronze lui a été érigée sur une place de sa ville natale, nommée en son honneur place Gutenberg. Il mérite mieux encore de la reconnaissance universelle, celui qui révéla au monde le secret de multiplier et de perpétuer à jamais chaque produit de l'intelligence. C'est grâce à lui que nous conversons avec Homère, Virgile, Cicéron, ces génies d'un temps qui n'est plus. Si la vapeur supprime l'espace, et relie entre eux les climats les plus opposés, les nations les plus lointaines, l'ingénieuse presse de Gutenberg fait mieux encore : elle supprime le temps, en rendant pour ainsi dire contemporains des hommes de tous les siècles.

Hagnin & Blanchard, Edit. Imp. Godard, Paris. Albert Chereau dess.

Christophe Colomb.

VI

CHRISTOPHE COLOMB

Né en 1441.—Mort en 1506.

LORSQUE ce grand homme songea à découvrir un monde nouveau, il y avait déjà quarante ans qu'il naviguait. Envoyé à Pise par son père pour y faire ses études, il avait de bonne heure rompu avec une vie trop calme et s'était lancé sur l'Océan. Cependant son esprit était très-orné, et nul parmi ses contemporains n'était plus versé que lui en géométrie, astronomie et cosmographie.

A cette époque, les Portugais étaient les maîtres de la mer. Colomb, tourmenté d'une idée fixe, songea à les consulter sur la possibilité d'arriver par l'ouest aux terres de Capango et de Cathaï dont parle l'ancien voyageur Marco-Polo. Il vint tout exprès s'établir à Lisbonne, où il épousa la fille d'un navigateur portugais.

En ce moment, les esprits étaient livrés avec une certaine ardeur aux spéculations d'excursions lointaines; il y avait dans l'air de ces pressentiments qui sont l'avant-coureur des grandes découvertes.

Un homme de génie ne fait pas son siècle, mais il le résume et le personnifie en lui.

Il en fut ainsi pour Christophe Colomb.

On pressentait des îles mystérieuses, des peuplades inconnues; mais personne, pas même Colomb, ne pensait à un continent.

D'abord il voulut faire hommage de son projet à sa patrie. Gênes le repoussa dédaigneusement.

Il le rapporta à Jean II, roi de Portugal. Jean II parut très-favorable au Génois, mais ce fut en réalité pour faire exécuter secrètement l'entreprise par un autre. Cet acte déloyal n'eut pas plus de succès qu'il n'en méritait; et encore le pilote qui, incapable de s'éloigner des côtes n'avait fait qu'errer, eut-il l'audace, au retour, de traiter Colomb de visionnaire.

Déçu de ce côté, Colomb noua des négociations avec l'Angleterre et l'Espagne. L'Angleterre ne fit rien. En Espagne, cet homme de génie resta cinq ans sans obtenir une solution. Enfin le P. Marchena, qui jouissait de quelque crédit sur l'esprit de la reine Isabelle, s'employa pour le pauvre Colomb. Celui-ci, voyant qu'on ne le payait que de belles promesses, s'éloignait, le cœur ulcéré, quand un courrier le rejoignit et le ramena.... Il y avait huit ans qu'il attendait justice.

Le 19 avril 1492, un traité fut signé, par lequel Colomb reçut les titres d'amiral et de vice-roi de tous les pays qu'il découvrirait. Il partit de Palos avec trois navires montés par 120 hommes.

Décrire les douleurs, les souffrances, les anxiétés, les luttes de trente-cinq jours de navigation continuelle, les révoltes de l'équipage, la constance inébranlable de Colomb, ce serait impossible ici. Enfin la terre se montra!.... San Salvador était découvert!.... A partir de ce jour, Colomb put voir successivement l'île de la Conception, les îles Fernandine et Isabelle, Cuba, Haïti. Sept mois après son départ il rentrait à Palos, d'où il se rendait triomphalement à Barcelone. Il marchait au milieu des Indiens qu'il avait amenés et qui avaient conservé le costume de leur pays. L'or, les bijoux et les autres choses rares étaient portés dans des corbeilles et des bassins découverts. Il s'avança seul au milieu d'une foule immense jusqu'au palais. Ferdinand et Isabelle l'attendaient assis sur leur trône. Lorsqu'il parut avec son cortége, ils se levèrent. Colomb vint se mettre à genoux à leurs pieds, et ils lui ordonnèrent de s'asseoir en leur présence. Colomb les remercia des grâces qu'il en avait reçues; et, continuant de parler modestement et avec une noble assurance, il leur rendit compte de son voyage et des découvertes qu'il avait faites. Ensuite il leur présenta les Indiens qui l'accompagnaient et les choses précieuses qu'il avait apportées. Tout le monde se mit à genoux, et l'on chanta, dans la salle même du trône, le cantique d'action de grâces.

Plusieurs expéditions successives valurent à Colomb de nouvelles découvertes.

Cependant cette existence glorieuse n'eût pas été complète, si l'ingratitude et la calomnie n'en avaient empoisonné la fin. Les services de Colomb furent méconnus; son zèle devint suspect; on l'accusa de vouloir se créer une royauté indépendante : un certain Francisco de Bovadilla, envoyé à sa place, n'eut rien de plus pressé que d'outrager l'illustre vieillard et de le jeter en prison avec des fers aux pieds et aux mains!.... Il est vrai que les persécuteurs mêmes ne tardèrent pas à rougir de leur conduite et à mettre Colomb en liberté. Mais il voulut conserver les fers qu'il avait portés, et il demanda expressément qu'on les mît dans son tombeau.

Ces fers sont restés un de ses plus grands titres de gloire.

Magnin & Blanchard, Edit. Imp. Godard, Paris. Albert Chereau dess.

Ambroise Paré.

VII

AMBROISE PARÉ

Né en 1509.—Mort en 1590.

On l'a répété mille fois, le XVIe siècle abonde en grandes figures. Peut-être l'époque de Louis XIV offrit-elle un ensemble plus harmonieux qui flatte davantage nos regards : mais comme, au XVIe siècle, les types sont plus francs, plus originaux, plus vigoureux ! Que de séve courait dans cet arbre social dont les branches étaient si rudement secouées par le vent de la guerre et des discordes civiles !

Ambroise Paré, qu'on peut appeler le père de la chirurgie moderne, naquit à Laval en 1509. Selon la sage habitude de nos aïeux, il adopta la profession qu'il voyait exercer dans sa famille, et fut chirurgien à l'exemple de son frère Jehan. Le meilleur parti, à cette époque, était celui de la guerre. Ambroise se détermina à le suivre. Dès 1536, il accompagnait en Italie le maréchal de Montjean, colonel général de l'infanterie.

Un hasard, fortifié par son merveilleux esprit d'observation, le mit sur la voie du traitement convenable à appliquer aux plaies d'armes à feu, qui, par leur nouveauté, déroutaient les médecins.

Il acquit bientôt tant de réputation, que Henri II voulut se l'attacher, lui promettant une faveur qui ne se démentit pas et qui continua de subsister sous les trois rois ses successeurs. Au siége de Metz notamment, on vit quelle influence merveilleuse Ambroise Paré exerçait sur le moral des troupes.

La ville était investie par cent vingt mille Impériaux, commandés par Charles-Quint en personne. Une fois Metz pris, ce torrent eût inondé la France. Six mille gentilshommes se jettent dans la place, que foudroyait une formidable artillerie. Henri II sait que si Ambroise peut être introduit dans Metz, le courage des assiégés se ranimera. Sur son ordre pressant, les maréchaux de Saint-André et de Vieilleville gagnent, moyennant une somme de quinze cents écus, un capitaine italien qui tint parole. A minuit, et non sans avoir couru de grands dangers, Ambroise Paré pénètre dans la ville. Le lendemain, il était sur la brèche, et c'était à qui l'embrasserait : personne n'avait plus peur d'être blessé. On sait que l'héroïsme de la défense fit lever le siége.

Ambroise Paré était huguenot; il fallait que l'estime dans laquelle le tenait Charles IX fût bien grande, puisque le soir même de la Saint-Barthélemy, le roi, d'après Brantôme, « envoya querir Ambroise Paré, son premier chirurgien et le premier de la chrétienté, il le fit venir dans sa chambre et garde-robe, disant qu'il n'estoit raisonnable, qu'un qui pouvoit sauver tout un petit monde feust ainsi massacré. »

Ce fut à peu près le seul cas d'exception. La longue existence d'Ambroise Paré continua au milieu de travaux immenses, dont les écrits si judicieux de ce grand homme nous ont conservé le souvenir exact; car Ambroise Paré mania aussi bien la plume que le scalpel, et ce qu'il y a d'admirable dans ses œuvres, au témoignage des docteurs Malgaigne et Richerand, ses deux illustres biographes, c'est que jamais il n'émit aucune proposition sans l'appuyer sur l'expérience des faits.

Une dernière fois nous le retrouvons dans la vie publique ; cette fois encore il agit en homme de bien. C'était à l'époque où la Ligue régnait dans Paris assiégé et réduit à toutes les horreurs de la famine. M. de Lyon, un des chefs des ligueurs, passant au bout du pont Saint-Michel, y fut entouré d'une foule de malheureux, qui demandaient du pain ou la mort. Ambroise Paré qui se rencontra là, fit une très-sincère exhortation à ce seigneur en faveur du pauvre peuple consumé « de male rage de faim. » «A quoi, dit Pierre de l'Estoile, qui rapporte ce fait, M. de Lyon ne répondit rien ou quasi rien, sinon que, contre sa coustume, s'estant donné la patience de l'ouïr tout du long sans l'interrompre, il dit après que ce bonhomme l'avait tout estonné, et qu'encores que ce fust un langage de politique que le sien, toutes fois qu'il l'avoit conseillé et fait penser à beaucoup de choses. »

Le courage de l'illustre octogénaire n'étonnera personne, si l'on songe qu'Ambroise Paré était soutenu par le plus admirable sentiment religieux, et qu'il n'acheva jamais le récit d'une cure remarquable sans glorifier ainsi la Providence : *Je le pansay, Dieu le guarit.*

Magnin & Blanchard, Edit. Imp. Godard, Paris. Albert Chéreau dess.

Bernard Palissy.

VIII

BERNARD PALISSY

Né à Saintes au commencement du XVIe siècle.—Mort vers 1590.

Un homme aux traits sévères, au front large, est penché vers des figulines, des vases de terre, et tantôt achève d'en perfectionner la forme, tantôt s'ingénie à activer la chaleur du four où doivent cuire ses précieuses faïences. « C'est aujourd'hui que je réussirai enfin !... » s'écrie-t-il. Une voix plaintive lui fait tourner la tête. Il a vu sa femme, et il frémit; sa femme pâle, maigre, et qui saurait peut-être supporter la plus affreuse misère, si ses enfants n'avaient faim.

—Non, dit-elle, non, Bernard, vous ne réussirez pas dans votre œuvre d'alchimie. Dieu nous a réprouvés. Voilà seize ans que vous y faites effort... Et à quoi bon? Vous avez perdu le produit de vos autres travaux ; nous pourrions vivre de l'argent qu'on vous donna pour lever la carte des marais salants de la Saintonge, tandis que vous avez contracté des dettes avec un chacun, et que vous n'osez même plus sortir, de peur d'encourir les reproches et les railleries de nos voisins.

Et la pauvre femme se mit à fondre en larmes.

Bernard Palissy leva les yeux au ciel, comme pour le prendre à témoin de la pureté de ses intentions. Mais soudain il jeta un cri : il venait de s'apercevoir que le feu ralentissait et que son expérience décisive allait être manquée. Aussitôt il se précipite hors de son laboratoire, court comme un fou à travers la maison, brise les meubles, en rapporte les morceaux et alimente le four en complétant ainsi sa ruine.

Le lendemain, tout était sauvé. Le sublime insensé avait retrouvé le secret de la composition de l'émail !

C'était en 1555. Bientôt il ne fut bruit que des belles poteries, des faïences émaillées, des vastes plats offrant des poissons ou des fruits en relief et des rustiques figulines de Bernard. Le roi Henri II, le connétable de Montmorency, tous les seigneurs à leur exemple, voulurent en orner leurs palais ; la misère avait fui, la gloire était venue.

Cependant il avait embrassé les principes de la Réforme. Or, le parlement de Bordeaux ayant édicté contre les protestants des mesures sévères, Palissy fut arrêté, malgré la protection du duc de Montmorency, et son atelier fut détruit. Le roi intervint lui-même en sa faveur, l'appela à Paris et le logea aux Tuileries. Cette heureuse circonstance sauva la vie à l'artiste, lors du massacre de la Saint-Barthélemy.

Le premier cabinet d'histoire naturelle qu'on ait vu à Paris fut formé par les soins de Palissy, qui, de plus, ouvrit en 1575 un cours d'histoire naturelle et de physique. Il innova complétement en opposant des faits positifs aux suppositions creuses, tirées jusqu'alors des philosophes anciens. La formation des pierres et celle des coquilles fossiles se révélèrent à sa voix. Évidemment il était trop en avant de son époque ; aussi fut-il jeté à la Bastille, par l'ordre des Seize, au temps de la Ligue. Henri III, étant allé le voir dans sa prison, lui dit :

—Mon bon homme, si vous ne vous accommodez sur le fait de la religion, je serai contraint de vous laisser ès mains de vos ennemis et des miens.

— Sire, répondit le courageux vieillard, ceux qui vous contraignent ne pourront jamais rien sur moi, car je sais mourir.

Son procès traîna et n'eut pas de conclusion, Palissy ayant terminé en prison, vers l'âge de quatre-vingt-dix ans, une vie si pleine de travaux et en même temps si honorable. Faïencier, peintre-verrier, savant, écrivain, il a uni toutes les supériorités; et, par-dessus tout, il fut persévérant, ferme et probe jusqu'à la candeur.

Aujourd'hui encore, malgré les immenses progrès de la science, il ne serait pas inutile de lire et de méditer son principal ouvrage : *Le moyen de devenir riche et la manière véritable par laquelle les hommes de la France pourront apprendre à multiplier et augmenter leurs trésors et possessions.* Dans « l'Epistre de l'autheur au peuple françois, » il est dit que les règles de l'agriculture doivent être tracées avec d'autant plus de soin que « nous voyons souventes fois la terre estre cultivée par des gens ignorants qui ne luy font produire que des avortons. » Palissy a donné en ce livre un cours complet d'agriculture, et a démontré admirablement l'art de planter les jardins de rapport. Son œuvre abonde en détails précieux sur les engrais, sur les propriétés des eaux thermales, sur les métaux, etc. Simple en son style pour rester à la portée des lecteurs qu'il enseigne, il dit : « J'aime mieux peindre la vérité toute nue et sans fard « par un pinceau rustique, que de la corrompre par la couleur ap- « parente du mensonge. »

Comme l'honnête Bernard Palissy est bien tout entier dans cette phrase!... et comme ses longues souffrances se révèlent aussi dans la devise suivante qu'il avait adoptée : « Povreté empes- « che les bons espritz de parvenir. »

Magnin & Blanchard, Edit. Imp. Godard, Paris. Albert Chéreau dess.

Jean Nicot.

IX

JEAN NICOT

Né à Nimes en 1530. — Mort à Paris en 1600.

Si le tabac n'avait, dès l'origine, reçu le nom de *nicotiane* ou *nicossiane*, bien des gens qui tiennent entre leurs lèvres un cigare seraient bien loin de se douter de l'origine qui leur a valu leurs délicieux *londrès*. Il n'y a pas d'homme auquel l'État doive une plus belle statue qu'à Jean Nicot : ce n'est pas en bronze seulement, c'est en or qu'on pourrait la fondre, eu égard aux revenus immenses que le tabac procure au fisc. Le sel, si nécessaire, n'est pas plus important que le tabac, qui est du superflu.

Il nous serait fort aisé de raconter les faits et gestes de Jean Nicot ; mais vous, cher lecteur, vous trouverez peut-être plus de saveur dans le passage suivant que nous empruntons avec son orthographe à un vieux livre de 1621, intitulé : *Traicté du tabac.*

« Cette herbe est appellée vulgairement *nicotiane* ou nicossiane, « du nom de M. Jean Nicot, natif de Nismes, conseiller du Roy « François II et Maistre des Requestes de son Hostel, qui le « premier en apporta la cognoissance en France : tout ainsi que ce « brave admiral François Drake l'a introduite en Angleterre, « environ l'an de grâce mil cinq cent huictante six, sous le nom « de monsieur Nicot, elle a esté à bon droict publiée, de tous ceux « qui ont ouy vanter ce souverain remède. Ce personnage ayant « esté envoyé en ambassade pour le Roy en Portugal, l'an mil « cinq cens soixante, arrive qu'un jour allant visiter l'Officine de « Lisbonne (où pour lors estoit la Cour du Roy de Portugal), là « un Gentilhomme Flamand, qui alors estoit Garde des Papiers « Royaux, luy fait present de ceste plante estrangère, apportée « depuis peu de la Floride. L'Ambassadeur l'accepta volontiers, « et comme plante transmarine, non jamais veuë, la fait soigneu- « sement entretenir en son jardin, à raison de sa rareté : ayant « esté asseuré desjà par plusieurs fois de ses vertus en la guerison « des playes et ulceres, en laquelle on les avoit espionnées avec

« heureux succès. L'estime de ceste herbe va s'augmentant par « tout le Portugal : les Espagnols et Portugais la prisent et louent « beaucoup, et commence-on à l'appeler l'Herbe de l'Ambassa- « deur. Luy, quelque temps après estant de retour en France, « presente de la graine de ceste herbe à la Reyne-Mère Catherine « de Médicis, laquelle ayant appris que ceste plante estoit très- « salutaire aux ulcères et playes, l'admirant comme une Panacée « incognuë, la voulut honorer de son propre nom, et fut dèslors « appellée l'*Herbe à la Reyne*, *Catherinaire* et *Médicée* : ce qui la « mit en grande vogue par toute la France. D'autres l'appellent « l'*Herbe du grand Prieur*, d'autant qu'icelny arrivé à Lisbonne « fut receu par M. Nicot, qui luy fit part d'un bon nombre de ses « plantes, lesquelles il fit transplanter en son jardin, et là curieu- « sement entretenir et eslever. »

Nous ne venons pas dire qu'il ait fallu à Nicot, seigneur de Villemain, un rare génie pour avoir popularisé cette plante. Mais si l'on considère les conséquences de cette vulgarisation, l'on ne peut s'empêcher de reconnaître que Nicot fut presque un inventeur de premier ordre.

Le plus grand jour de sa vie fut sans doute celui où il présenta à Catherine de Médicis cette plante qui devait révolutionner le monde.

Il a d'autres titres à la sympathie et à la reconnaissance des lettrés par son *Trésor de la langue françoise* où l'on pourrait puiser à pleines mains pour retrouver tant de mots ingénieux et énergiques tombés depuis en désuétude.

Magnin & Blanchard, Edit. Imp. Gouard, Paris. Albert Chereau dess.

Galilée.

X

GALILÉE GALILEI

Né en 1564 à Pise.—Mort en 1642.

La plupart des hommes célèbres ont, par une vocation irrésistible, dérangé les projets de leurs parents. Le père de Galilée était pauvre et rêvait pour son fils la philosophie et la médecine : Galilée se jeta de lui-même avec une indicible ardeur dans l'étude de la géométrie, et ce ne fut pas sans peine qu'il obtint la permission de suivre la voie où l'entraînait son génie.

Peut-être s'était-il révélé à lui-même, le jour où, dans l'église métropolitaine de Pise, les oscillations régulières d'une lampe suspendue à la voûte lui firent découvrir le *pendule*.

A vingt-cinq ans, il obtint la chaire de mathématiques de Pise, par le crédit du marquis Guido Ubaldi, de Jean de Médicis et du grand-duc Ferdinand. Il justifia ce choix par ses travaux sur le mouvement, sur la pesanteur des corps, etc.

Selon l'habitude, les uns l'admirèrent, les autres se déclarèrent ses ennemis.

Il détrônait Aristote, ce qui était alors un crime impardonnable. Donc il fut chassé de Pise. La haine est toujours plus forte que l'admiration.

De retour à Florence, il y trouva la sympathique protection du puissant Salviati, qui le fit nommer à la chaire de mathématiques de Padoue.

Là, il était sur une terre libre; il avait à servir Venise qui n'hésita pas à lui donner une commission de six ans. Sa reconnaissance se manifesta par l'invention du *thermomètre* et du *compas de proportion*, à l'usage des ingénieurs.

Par deux fois, sa commission lui fut renouvelée avec des avantages gradués.

En 1609, dévoué de plus en plus à Venise, il imaginait le *microscope*, puis le *télescope*, avec lequel l'homme s'est emparé des cieux. Heureux Galilée ! il fut le premier à apercevoir et déterminer ces astres qui échappent à notre vue! Quelle dut être son émotion, lorsqu'il put lire sur la surface de la lune la forme des montagnes et des océans!

D'où vient donc qu'il échangea la liberté contre la servitude, et que de Padoue il retourna à Florence, où le grand-duc le nommait son mathématicien extraordinaire? serait-ce que les hommes supérieurs sont plus habiles à interroger la nature qu'à diriger leurs propres actions?

Ce fut en 1616 que commencèrent les persécutions. Déféré au saint-siége, Galilée n'hésita point à venir à Rome où on lui soutint que la terre ne tourne pas. Il affirma dignement son système, mais ne put le préserver d'une condamnation. Avec la naïve confiance du génie, il revint à Florence, où il se mit à réunir patiemment tout le corps de sa doctrine. Bien des années s'étaient passées, lorsqu'en 1630, Galilée ne craignit pas de se présenter chez le maître du sacré palais et de lui communiquer son œuvre. Ce personnage y fut trompé, et d'abord n'y trouva rien à redire: mais tout le monde, à Rome, n'était pas de même avis: l'inquisition appela l'auteur à sa barre.

Galilée avait soixante-neuf ans; il était malade; on l'arrêta et on le conduisit au Palais de la Trinité du Mont.

Ici nous devons déclarer, malgré bien des déclamations devenues banales, que la prison du savant était tout simplement un séjour délicieux. Le plus rude pour Galilée, ce fut d'avoir à se défendre devant un tribunal qui ne l'écoutait ni ne le comprenait, et qui entrait en fureur à la seule idée du mouvement de la terre. Au bout de vingt jours de débats, il fut condamné à prononcer son abjuration. Il la prononça, car il le fallait, mais il ne put s'empêcher de dire entre ses dents ces mots sublimes : *E pur si muove!* « Et pourtant elle se meut. »

Nous avons dit, nous répétons que sa prison fut douce. Enfin, en 1633, Galilée obtint d'être transféré à la campagne, puis de rentrer à Florence. A soixante-quatorze ans, il perdit la vue, le plus grand malheur, peut-être, pour un homme qui avait vécu dans la continuelle observation.... Mais il travailla toujours, il travaillait encore lorsque, le 9 janvier 1642, il succomba à une fièvre lente.

Cette même année, naissait Newton, — comme si le génie était une chaîne qui se transmît d'anneau en anneau.

Pascal.

XI

PASCAL

Né en 1623.—Mort en 1662.

L'EXISTENCE de Pascal est une des plus simples et des plus singulières à la fois que nous présente le XVIIe siècle. Tout est compliqué et logique dans cette âme unique à son époque.

Dès le bas âge, sa curiosité et sa sagacité étaient surprenantes. A douze ans, l'enfant sublime, « avec des barres et des ronds, » devina et comprit les trente-deux premières propositions d'Euclide, inventant pour ainsi dire la géométrie par une force incomparable d'analyse et de déduction. « Mon père fut épouvanté de la grandeur de ce génie. » Telles sont les expressions de sa sœur Jacqueline. A seize ans, il avait fait pour son propre compte un traité des sections coniques. On voulait le faire imprimer : il s'y refusa ; car, chrétien par essence, il n'aima jamais la gloire. Ce qu'il lui fallait, c'était la découverte de la vérité. Cette conquête lui suffisait.

A dix-neuf ans, Pascal inventa sa *machine arithmétique*, destinée à abréger les opérations du calcul. Il eut la patience d'en faire plus de cinquante modèles. A ces expériences succédèrent ses travaux sur le vide. Ses grandes découvertes sur cette importante question de physique suscitèrent les contradictions de Descartes, assez jaloux du jeune prodige.

La religion de Pascal était sincère et profonde. Mais il n'avait guère encore réfléchi sur toutes ces matières philosophiques, quand le premier coup lui fut porté par la lecture d'un petit traité de Jansénius. Ce traité s'en prenait à la vanité des travaux de l'homme. Notre jeune géomètre se sentit ébranlé et découragé. A partir de ce moment, il se reprochait ce que M. Sainte-Beuve appelle ses « reprises de sciences. » Une grande maladie le saisit; c'était une paralysie. Il s'occupait pourtant encore de géométrie, d'inventions, quand une seconde fois, et cette fois pour jamais, l'éclair de Damas flamboya sur son chemin.

Un jour de fête, son attelage s'emporta sur le pont de Neuilly.

Les deux premiers chevaux furent précipités; mais les rênes rompant par bonheur, le carrosse s'arrêta court. Pascal fut comme foudroyé par ce salut miraculeux. Dès lors il alla souvent visiter sa sœur Jacqueline, religieuse au couvent de Port-Royal de Paris. Il résolut de se retirer à Port-Royal des Champs. Il partit sans dire à personne où il allait, et s'ensevelit dans une cellule, comme s'il eût voulu être anéanti pour le monde. Cette cellule, il ne devait plus la quitter.

Sa santé de plus en plus mauvaise le tint dans un état de continuelle épreuve, dont sa pénitence se réjouissait. Mais dans ce corps affaibli frémissait un esprit vigoureux, actif, et capable de toutes les énergies.

Port-Royal allait bientôt avoir besoin de cet auxiliaire que Dieu lui avait envoyé; les attaques des jésuites contre la citadelle des jansénistes devenaient de plus en plus violentes. Port-Royal avait à se défendre. Comment répondre à ces assauts? Ce fut Pascal qui s'en chargea.

Celui-ci n'avait pas encore écrit; cependant il se mit à l'œuvre, et dès le lendemain il composa la première des *Lettres provinciales*. Ces lettres devaient être aussi bien un événement littéraire qu'un événement religieux. Écrites de main de maître, elles eurent la plus heureuse influence sur le développement de la langue. Le succès fut grand dans Paris, immense dans la bonne société du temps. On s'arrachait les exemplaires clandestinement imprimés. Partout les *Provinciales* créèrent à Port-Royal des amis, des défenseurs. Belles pour la plupart, exagérées sur certains points, ces lettres avaient été victorieuses, et le triomphe appartenait à Pascal.

Après ce bruyant succès, il se plongea de plus en plus dans son obscurité silencieuse. Cependant il préparait un ouvrage, mais d'un tout autre genre. C'était une démonstration du christianisme que la mort laissa inachevée. Mais les fragments de cette œuvre ont formé ce chaos admirable qu'on appelle les *Pensées* de Pascal. Nul livre n'est plus intéressant, plus sympathique. C'est l'histoire de l'âme même de Pascal.

Sans vouloir faire l'énumération de ses travaux, nous rappellerons seulement qu'on dut à cet esprit multiple de nombreuses découvertes. Il associa son nom à celui de l'inventeur du baromètre; l'on sait la *brouette* et le *haquet*, machines simples et pourtant fort ingénieuses. Il est aussi une industrie que l'on croit bien moderne et qui remonte, dit-on, à Pascal : c'est celle des *omnibus*. On trouva en effet, dans ses papiers, un projet d'établissement de voitures publiques à cinq sous.

Magnin, Blanchard, Edit. Imp. Godard, Paris. Albert Chéreau dess.

Papin.

XII

DENIS PAPIN

Né à Blois en 1647.—Mort à Marbourg en 1714.

Comme beaucoup de savants physiciens, Papin devait exercer la médecine; il fut même reçu docteur à Paris. Mais, passionné pour la physique, il se rendit en Angleterre afin de s'associer quelque temps aux travaux de Robert Boyle qui le fit, en 1681, entrer à la Société royale de Londres.

Lors de la révocation de l'édit de Nantes, Papin, qui était protestant, se réfugia en Allemagne auprès du landgrave de Hesse, qui lui conféra la chaire de mathématiques à l'université de Marbourg.

Dans son exil forcé, Papin créa, au moins par la description, la *machine atmosphérique*, qui ne devait recevoir son application qu'au bout d'un siècle.

Le mouvement alternatif de va-et-vient d'une tige ou d'un piston est le moyen le plus simple de la transmission d'une force. Si, après avoir soulevé un piston, on parvenait à anéantir dans le corps de la pompe l'air qu'une soupape y aurait fait entrer par en bas, le piston sous lequel on aurait fait le vide descendrait par la seule pression de l'atmosphère et pourrait entraîner dans sa course un poids égal à celui d'un cylindre d'eau de 32 pieds de hauteur. Voilà l'idée qui paraît avoir préoccupé Papin dès 1687. Il entreprit ensuite de faire le vide à l'aide d'une roue hydraulique qui faisait mouvoir les pistons d'une pompe aspirante ordinaire. C'est dans cet état qu'il présenta la machine à la Société royale de Londres. Mais elle offrait diverses difficultés; Papin essaya d'en venir à bout d'une autre manière. « Comme l'eau, a, dit-il, la propriété, étant par le feu changée en vapeurs, de faire ressort comme l'air, et ensuite de se condenser si bien par le froid, qu'il ne lui reste plus aucune apparence de cette force de ressort, j'ai cru qu'il ne serait pas difficile de faire des machines dans lesquelles, par le moyen d'une chaleur médiocre et à peu de frais, l'eau ferait ce vide parfait qu'on a inutilement cherché par le moyen de la poudre à canon. »

Ce passage, si important pour l'histoire de la force locomotrice de la vapeur, est accompagné de la description du petit appareil employé par l'auteur pour essayer son invention. Papin obtenait parfaitement le mouvement d'ascension et de descente du piston. Enfin il déclara qu'à l'aide du principe de la condensation de la vapeur par le froid, on peut atteindre aisément son but « par différentes constructions faciles à imaginer. »

Il n'avait présenté sa machine que comme un moyen d'élever de l'eau; mais, proclamons-le à sa gloire, il avait entrevu comment le mouvement de va-et-vient du piston dans la pompe pouvait devenir un *moteur universel*, en transformant ce mouvement alternatif en un *mouvement de rotation*.

Nous ajouterons que Papin a inventé aussi la *soupape de sûreté:* car elle forme la partie essentielle de son *digesteur*, employé à extraire par la vapeur à haute pression la partie gélatineuse des os. Le *digesteur* ou *marmite de Papin* était un vase en cuivre étamé, hermétiquement fermé par un couvercle en fer vissé; c'était une véritable chaudière.

La sagacité de Papin s'exerçait sur tous les objets qui se trouvaient à sa portée. On avait cru jusqu'alors qu'un siphon ne pouvait fonctionner à moins d'avoir des branches d'inégale longueur. Il montra qu'on obtient exactement les mêmes résultats avec un siphon à branches égales et que le principe de cet instrument repose sur la pression de l'air.—Il perfectionna aussi la machine pneumatique inventée par Otto de Guericke.

Combien il serait à souhaiter qu'on réunît les divers écrits de Papin en un corps d'ouvrage! On pourrait même aujourd'hui les consulter avec fruit. Dans tous les cas, une telle entreprise serait d'un haut intérêt pour l'histoire de la science et elle témoignerait de la reconnaissance des hommes envers le véritable père des chemins de fer.

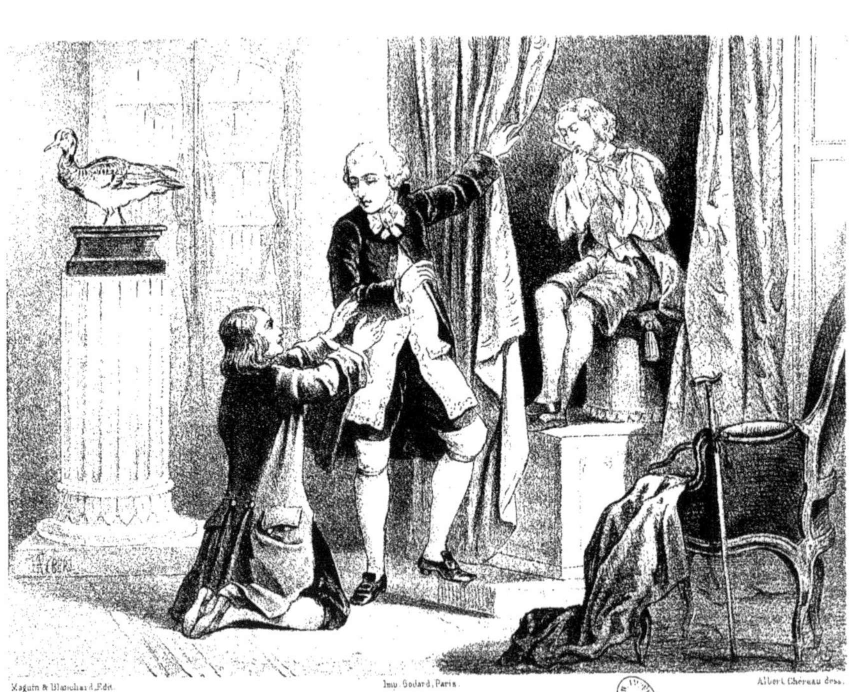

Maguin & Blanchard, Edit. Imp. Godard, Paris. Albert Chereau dess.

Vaucanson.

XIII

VAUCANSON

Né en 1719.—Mort en 1782.

Un jeune garçon allait tous les dimanches avec sa mère chez des personnes pieuses qui tenaient à Grenoble un rang très-distingué. La conversation durait de longues heures et ne roulait que sur les sujets les plus graves. Cet enfant trouva un remède contre l'ennui. C'était de regarder à travers les fentes d'une cloison une horloge qui était dans la chambre voisine. Il la décomposait par la pensée. A force d'y songer, il saisit le mécanisme de l'échappatoire qu'il cherchait depuis longtemps; puis il fit en bois une horloge assez exacte.

Tel fut le début de l'illustre mécanicien Jacques de Vaucanson.

Son aptitude éclata dès l'enfance. Il avait des camarades qui désiraient posséder une petite chapelle : il leur fit des anges agitant leurs ailes et des prêtres qui remplissaient les fonctions du culte.

Quelle fut sa joie lorsque, arrivé à Paris, il aperçut la *Samaritaine*, et put se convaincre qu'elle ressemblait exactement à un projet de fontaine qu'il avait donné pour sa ville natale, sans connaître le moins du monde le monument hydraulique du Pont-Neuf!

Il vit aux Tuileries la statue du *Flûteur*. C'en fut assez pour lui donner l'idée de son automate musicien. « Le mien, dit-il, jouera réellement de la flûte et ne sera pas muet et froid comme l'autre. » Mais un sien oncle, à qui il avait communiqué son projet, le traita d'insensé et le menaça de le faire enfermer s'il y persistait. Le chagrin contribua à le rendre malade. Or telle était la force de son génie, qu'il put, par de simples calculs, composer les pièces de son automate, et que, les ayant données à exécuter à divers ouvriers, toutes s'ajustèrent avec une précision merveilleuse. Lui-même doutait cependant encore : aussi ne voulut-il avoir aucun témoin de la première épreuve.

4

L'automate lève son bras, porte la flûte à sa bouche et en tire des sons pleins de douceur... Au même instant, un cri retentit; un homme se précipite aux pieds de Vaucanson et l'appelle un dieu créateur. C'était son domestique qui, ne pouvant résister à la curiosité, s'était blotti dans un coin.

Une autre merveille, ce fut le *canard* qui imitait non-seulement les mouvements extérieurs des palmipèdes, mais encore leurs facultés digestives. Ce canard buvait, barbotait, mouvait ses ailes qu'il épluchait avec son bec, avalait du grain et le digérait.

La réputation de Vaucanson était devenue européenne. En 1740, le roi de Prusse voulut l'attirer dans ses États; mais le savant se réserva à sa patrie. Nommé par le cardinal Fleury inspecteur des manufactures de soies, il améliora la fabrication, ce qui lui valut l'honneur d'être poursuivi à coups de pierre par les ouvriers de Lyon qui l'accusaient de vouloir simplifier les métiers. Pour se venger de la violence des canuts, il construisit un automate représentant un *âne* occupé à tisser une étoffe à fleurs.

Un autre animal échappa de ses mains habiles: ce fut un *aspic* créé pour la *Cléopâtre* de Marmontel. Le serpent sifflait en s'élançant sur le sein de l'actrice, ce qui fit dire à un mauvais plaisant: «Je suis de l'avis de l'aspic.» Nous en serions également si ledit serpent eût sifflé contre l'Académie des sciences qui fut assez injuste pour fermer ses portes à cet homme extraordinaire. Le cardinal Dubois, apprenant le mécompte de son protégé, dit plaisamment: «Eh bien, je lui commanderai un académicien.»

Vaucanson ne se borna pas aux amusements de son art: il construisit des machines aussi utiles qu'ingénieuses dont quelques-unes se voient encore au Conservatoire du Temple.

Il allait composer un automate qui eût montré dans tout son organisme la circulation du sang, lorsque la mort, qui devrait avoir des grâces spéciales pour les hommes de génie, l'arrêta dans ce projet en 1782.

On peut dire de Vaucanson, qu'il a été unique pour avoir rappelé dans les temps modernes les fables si hardies et si poétiques de Prométhée et de Pygmalion.

Magnin & Blanchard, Edit. Imp. Godard, Paris. Albert Chéreau dess.

Franklin.

XIV

BENJAMIN FRANKLIN

Né à Boston (Amérique) en 1706.—Mort en 1790.

Quel étrange destin que celui de cet homme patient, ingénieux, fécond en ressources, calme, sobre, stoïque, ardent au bien général ; à la fois simple pour lui-même et ambitieux pour son pays ; savant sans forfanterie, écrivain sans prétention ; modeste sans humilité ; philosophe par tempérament : Benjamin Franklin, que la postérité a placé à côté de Washington et qui a bien mérité en effet ce rang glorieux.

Nul homme plus que Franklin n'a dû être son propre créateur. Il eut tout à faire, son éducation, son sort, sa fortune ; il débuta au milieu des difficultés, et ce fut en s'habituant à les surmonter, qu'il devint fort contre l'adversité et même contre le bonheur.

Ses études se bornèrent à une petite école où il fut envoyé jusqu'à l'âge de dix ans. Très-pauvre et très-chargé de famille, son père n'était pas d'humeur à le laisser inactif ; il le mit dans une fabrique de chandelles ; puis, cédant à la répugnance de l'enfant, il le plaça chez un coutelier. Tout cela ne plaisait guère à Benjamin qui, ayant atteint ses douze ans, obtint la permission d'entrer comme apprenti dans une imprimerie que tenait son frère aîné. Grâce à cette profession qui a vraiment des côtés littéraires, ses idées s'élargirent, sa vue intellectuelle s'éclaira. Le hasard ayant fait tomber sous sa main quelques nos du *Spectateur*, il crut à cette lecture que le monde s'ouvrait devant lui. Le voilà qui lit, médite, et se met à résumer ce qu'il a lu, de façon à refaire chaque morceau : établissant ensuite la comparaison entre le modèle et l'imitation, il se corrige lui-même.

Cependant le frère aîné exigeait beaucoup de travail et ne donnait pas de salaire. Il y eut brouille et séparation : Benjamin s'en alla à New-York où il ne put rien faire, à Philadelphie où il réussit mieux : il partit même pour Londres avec des lettres de sir

Will-Keith, le gouverneur de la province. Seulement, dans ses lettres, le gouverneur avait oublié de parler du pauvre Franklin, qui fut obligé de passer d'imprimerie en imprimerie, pour lutter contre la misère jusqu'à ce qu'il pût revenir à Philadelphie, où il associa son activité avec la paresse d'un nommé Meredith, qui avait de l'argent, épousa miss Read qu'il aimait, se fit estimer de tout le monde et, ayant enfin du pain, commença à se rendre utile à ses concitoyens.

Sous le rapport de l'intelligence, il y avait fort à faire en Amérique. Franklin créa la *Library Company*, où moyennant une faible rétribution, chacun pouvait trouver à lire de bons livres.

En 1732, son *Almanach du bonhomme Richard*, vrai code de la sagesse, lui valut un succès immense. A ce titre sans doute, il fut nommé député à l'Assemblée générale de la Pensylvanie. On lui confia la direction des postes de Philadelphie. En 1744, on avait à repousser les attaques des Indiens ; à sa voix, dix mille volontaires s'armèrent spontanément.

Ici se place son admirable découverte du *paratonnerre*. Il y fut conduit par ses recherches sur l'électricité. Que de monuments, que de chefs-d'œuvre devront leur conservation au bon, à l'ingénieux Franklin !

Le voyez-vous d'ici, ce sage, cet homme d'État, élevant dans les airs son cerf-volant, auquel il a suspendu une clef pour attirer par le fer l'étincelle électrique? Simple fut sa grande invention. Petites causes, grands effets !

En 1757, il fut envoyé à Londres, avec mission de plaider les intérêts coloniaux. Il y réussit très-bien ; ce qui n'empêcha pas plus tard la rupture d'éclater entre la colonie et la métropole, à propos de l'exagération des impôts. L'année 1776 vit proclamer l'indépendance : l'infatigable Franklin vint en France où il fut réellement à la mode. Il eut le bonheur de faire conclure le traité d'alliance avec les États-Unis. Il trouva le temps d'être présenté à Voltaire, qui mit les mains sur la tête blonde du petit-fils de Franklin en s'écriant : « *God and liberty !* » (*Dieu et liberté.*)— Son retour à Philadelphie fut un triomphe. Jamais meilleur citoyen ne fut l'objet de plus de respect.

Ses infirmités seules purent le décider à quitter les affaires ; et encore s'occupait-il d'écrire pour donner de bons conseils. Il alla ainsi jusqu'à quatre-vingt-quatre ans. Il léguait à son ami, le général Washington, le bâton de pommier sauvage sur lequel il avait eu coutume de s'appuyer en se promenant.

Les obsèques de Franklin eurent un éclat extraordinaire. En France, l'Assemblée nationale ordonna un deuil général.

Magnin & Blanchard, Édit. Imp Godard, Paris. Albert Chéreau dess.

Jenner.

XV

ÉDOUARD JENNER

Né en 1749 à Berkeley.—Mort en 1823.

Elle fut très-simple et bien plus remplie par des travaux que par des événements, la vie de l'homme si éminemment utile qui a, par l'application de la *vaccine*, sauvé des millions de ses semblables. Pour mesurer l'étendue de son bienfait, il faut songer aux ravages que produisait autrefois la petite-vérole contre laquelle la plupart des remèdes étaient impuissants.

Jenner n'est pas un médecin anglais,—c'est le médecin universel. Toutes les nations lui devraient des statues.

Son père, qui était maître ès-arts en l'université d'Oxford, le laissa de bonne heure orphelin.

Ainsi qu'il était advenu à Jean Van Eyck, Edouard Jenner fut élevé par son frère aîné. Son éducation se fit à Circester. Ensuite il entra chez Daniel Ludlow, chirurgien distingué, à Sudbury.

Quand Daniel Ludlow n'eut plus rien à lui apprendre, il vint (en 1770) à Londres, où il se présenta chez le célèbre Hunter. Celui-ci, frappé des admirables dispositions de son élève, l'associa à ses travaux, et, au lieu de le tenir dans l'ombre comme font mesquinement tant de professeurs, s'appliqua à le mettre en évidence; car Hunter avait mesuré d'un coup d'œil le génie et l'avenir de ce jeune homme.

Plusieurs offres avantageuses trouvèrent Jenner inébranlable dans ses refus : le capitaine Cook notamment voulut l'emmener dans un de ses grands voyages autour du monde. Un esprit plus aventureux se fût peut-être laissé prendre à l'amorce de la nouveauté : Jenner préféra son pays et son frère.

Déjà, du reste, sa réputation s'étendait; ses recherches utiles lui avaient valu l'honneur d'être reçu membre de la Société royale de Londres.

De cette époque de sa vie datent les travaux persévérants qu'il fit sur la vaccine.

On a dit que le procédé n'était pas nouveau; que dans l'Inde les bergers étaient, de temps immémorial, préservés de la petite-vérole par la maladie artificielle et bénigne que cause le *cow-pox* (ou bouton de pis de la vache). On a ajouté qu'en France plusieurs médecins s'étaient déjà occupés de cette question.

Tout cela est possible : mais rien n'enlèvera à Édouard Jenner la gloire d'avoir persisté, de s'être voué à ce sujet, de l'avoir poussé jusqu'au triomphe.

Quand il fut bien sûr de l'efficacité de son système, il vint à Londres tout exprès pour le développer.

Le succès fut immense : de toutes les parties du monde on écrivait à Jenner, soit pour le féliciter, soit pour le consulter. A la fin, il fut obligé de publier un avis pour prier ses admirateurs de lui épargner désormais les frais ruineux d'une correspondance aussi gigantesque.

A Londres, se créa la *Société Jennérienne*. A Paris, un homme de bien, le duc de La Rochefoucauld accueillit avec transport la doctrine de la vaccine, et ouvrit une souscription pour l'établissement d'un Comité central.

Les récompenses marchaient, pour Jenner, avec la gloire. Dès l'année **1801**, les médecins de la marine royale britannique faisaient frapper une médaille en son honneur. Pitt, le célèbre chancelier de l'Échiquier, prononçait, au sujet de Jenner, des paroles qui sont un brevet d'immortalité. Le Parlement, le roi, offraient au savant des sommes d'argent qui ne s'élevaient pas à moins de **762,000** francs.

Il est doux, lorsqu'on a eu à enregistrer tant de preuves de l'ingratitude humaine, d'avoir à noter cet enthousiasme et cette reconnaissance.

La vaccine est, du reste, devenue une loi sociale : tous les peuples la pratiquent désormais.

Content de son œuvre, simple dans ses goûts, Jenner avait accepté les fonctions de maire de Cheltenham et il jouissait en paix d'une retraite studieuse, quand, dans sa bibliothèque même, il fut frappé d'apoplexie, à l'âge de soixante-quatorze ans (le 6 janvier 1823.)

Pour le savant, mourir dans sa bibliothèque, c'est tomber sur son véritable champ de bataille.

Magnin & Blanchard, Edit. Imp. Godard, Paris. Albert Chéreau dess.

L'Abbé de l'Epée.

XVI

L'ABBÉ DE L'ÉPÉE

Né à Versailles en 1719.—Mort en 1789.

Celui-là appartient certainement à la famille des grands inventeurs ; car il fut un initiateur pour l'humanité entière, et l'on peut dire que, complétant l'œuvre de Dieu, il rendit la parole aux infortunés privés de ce don précieux.

Charles-Michel de l'Épée avait d'abord tourné ses études vers la science et le droit ; mais bientôt il se sentit poussé au sacerdoce par une vocation irrésistible. La théologie remplit toute l'ardeur de son âme. Dans l'exercice de ses fonctions, les plus belles que l'homme puisse remplir, le jeune abbé sut allier la sagesse la plus éclairée à des principes d'une austérité inflexible. Sa charité surtout ne sommeillait jamais. Elle s'illumina d'une de ces inspirations qui sont les conquêtes du génie et de la bienfaisance.

« Je donnerai, dit-il, aux sourds-muets l'instruction qui leur a toujours fait défaut. Par moi ils aimeront leur Créateur, par moi ils comprendront qu'il y a en eux une âme seulement endormie. »

Jusqu'alors nul n'avait songé à ces déshérités de l'intelligence : on les laissait croupir dans l'ignorance et l'abjection. L'abbé de l'Épée vint leur faire signe de se lever et de le suivre.

L'œuvre était sublime, mais de nature à épouvanter les plus fermes courages. Il fallait vaincre d'abord les préjugés des familles qui, rougissant de compter dans leur sein ces êtres incomplets, les laissaient sans la moindre culture et les dérobaient même à tous les regards. Au contraire, lorsque, par un miracle de persévérance, la lumière jaillit dans l'esprit des sourds-muets, quand tomba la barrière qui les séparait du reste de l'humanité, on vit plusieurs d'entre eux se montrer avec honneur dans le monde. Gloire donc à l'abbé de l'Épée, cet apôtre chrétien, que les sourds-muets, dans leur reconnaissance, appellent à juste titre leur *père spirituel!*

Voici comment il raconte lui-même la cause qui le conduisit à se consacrer à cette mission généreuse :

« Le P. Vanin, prêtre de la Doctrine chrétienne, avait commencé l'éducation de deux sœurs jumelles, sourdes-muettes de naissance. Ce respectable ministre étant mort, ces pauvres filles se trouvèrent sans aucun secours. Croyant donc qu'elles vivraient et mourraient dans l'ignorance de leur religion, si je n'essayais pas de la leur apprendre, je fus touché de compassion et je dis qu'on pouvait me les amener, et que j'y ferais tout mon possible. »

Déjà, avant lui, il faut le reconnaître, des essais avaient été tentés sur quelques sujets. Mais qu'est-ce que des efforts isolés et sans suite? C'est à l'abbé de l'Épée qu'il était réservé d'inventer le véritable langage des sourds-muets, les signes méthodiques. Le geste, animé du jeu de la physionomie, constitue une langue naturelle, souple, énergique et pittoresque.

A la fois instituteur et père de ses élèves, il leur consacra tout son patrimoine. Non content de les avoir conduits dans le domaine de l'intelligence, il pourvoyait encore à leurs besoins ; il était parvenu à leur faire oublier leur malheur. Quelle joie, en effet, pour les pauvres enfants d'acquérir chaque jour les moyens d'exprimer à leur maître adoré tout ce qu'il y avait en eux de tendresse pour lui ! *La reconnaissance, c'est la mémoire du cœur.* Cette heureuse définition fut trouvée par un sourd-muet qui songeait à l'abbé de l'Épée.

La sollicitude de ce bienfaiteur ne se borna pas aux sourds-muets de sa patrie ; elle s'étendit à ceux de leurs frères d'infortune qui languissaient dans d'autres pays. Pour eux, il eut la patience d'apprendre plusieurs langues étrangères. Pendant son séjour à Paris, l'empereur Joseph II assista aux leçons de l'abbé de l'Épée et fut frappé d'admiration. L'ambassadeur de Russie vint féliciter le digne instituteur, de la part de Catherine II, et lui offrir de riches présents. Le bon abbé ne demanda, pour toute faveur, qu'un sourd-muet de plus à instruire !

Il aspirait à avoir des successeurs qui pussent propager et perpétuer son œuvre. Ces vœux furent accomplis. Avant sa mort, il obtint de Louis XVI la douce assurance que son école ne périrait pas. La Providence a voulu qu'un grand nombre de maîtres habiles, animés comme lui de l'esprit de charité, aient propagé son système d'enseignement en France et à l'étranger.

L'abbé de l'Épée mourut, à l'âge de soixante-dix-sept ans, le 25 octobre 1789. Le nom de cet homme excellent vivra autant que son œuvre philanthropique.

Magnin & Blanchard, Edit. Imp. Godard, Paris. Albert Chéreau Cess.

Mongolfier.

XVII

JOSEPH MONTGOLFIER

Né en 1740 à Vidalon-lès-Annonay.—Mort en 1810.

Un enfant fuyait, à la fois craintif et résolu, tournant fréquemment la tête pour voir s'il n'était pas poursuivi, et s'acheminait vers les bords de la Méditerranée avec la pensée d'y vivre de coquillages. Mais en attendant, la faim l'accablait et elle le força d'entrer dans une métairie du bas Languedoc. Il y demanda humblement un morceau de pain.

—Du pain!... cria aigrement la ménagère. On n'en donne pas aux vagabonds.— Je ne suis pas un vagabond.

—Travaille, si tu veux qu'on te nourrisse.

—Je ne demande pas mieux.

—Soit. En ce cas, après avoir mangé la soupe, tu iras cueillir de la feuille pour les vers à soie.

L'enfant s'acquitta avec zèle de cette besogne ingrate.

Mais comme il revenait un soir avec tout son butin, il se trouva en présence d'un homme au visage grave et affligé. C'était son père.

Sans songer à une résistance qui eût aggravé sa faute, l'enfant se soumit et se laissa ramener au collége de Tournon, qu'il avait quitté clandestinement, en haine des études classiques.

C'était mal débuter dans la vie. Et cependant ce fugitif devait devenir une grande et noble figure. Il s'efforça de vaincre ses répugnances et de justifier l'attente de son excellent père qui était alors un des principaux fabricants de papier. Mais la théologie lui était si insupportable! et, d'autre part, le hasard, en lui mettant dans les mains un traité d'arithmétique, avait éveillé en lui une passion si ardente pour les sciences mathématiques! Le besoin d'indépendance se réveilla. Bientôt on put voir un jeune homme qui s'était confiné à Saint-Étienne en Forez dans un réduit obscur, y vivre de pêche, et se livrer avec ardeur à des expériences chimiques, fabriquant du bleu de Prusse et des sels utiles aux arts, qu'il colportait lui-même dans les bourgs du Vivarais.

Nous le retrouvons ensuite à Paris. Comment a-t-il pu y venir? de quoi y subsiste-t-il Que lui importent les privations et les difficultés, pourvu qu'il puisse fréquenter le café Procope, et y faire connaissance avec les savants en réputation! Car à cette époque, le café Procope était le grand lieu de réunion de toutes les célébrités.

Infatigable à pardonner, le père de Joseph Montgolfier le rappela pour l'associer à sa manufacture. Cela ne faisait pas le compte de Joseph qui, ennemi de la routine, voulait innover. Il s'établit donc avec son frère, à Voiron et Beaujeu, et là, ils firent de l'innovation, admirable il est vrai, mais ruineuse. Joseph n'avait que du génie, mais le sentiment commercial lui manquait. La plupart des progrès accomplis dans la fabrication du papier lui sont dus : seulement, il se ruinait à être si progressif. Il y eut même dans sa vie ce fait curieux, qu'un de ses débiteurs, au lieu de le payer, le fit mettre en prison.

Mais arrivons à ses *découvertes aérostatiques* qui lui ont assuré une célébrité bien autrement précieuse que la richesse.

On prétend que, pendant le siége de Gibraltar, Joseph conçut l'idée qu'il ne serait pas impossible de secourir la place par les airs; et que, ayant aussitôt exécuté un petit parallélipipède en taffetas contenant 40 pieds cubes d'air qu'il échauffa avec du papier, il eut la satisfaction de le voir s'élever jusqu'au plafond.

Quoi qu'il en soit, lui et son frère Étienne firent, le 5 juin 1783, en présence des Députés des États du Vivarais et de toute la ville d'Annonay, la première expérience avec un appareil sphérique en toile doublée de papier, de 110 pieds de circonférence, et d'un poids de 500 livres. En dix minutes, la machine parvint à 1000 toises de hauteur. — Le 20 septembre suivant, Étienne répéta l'expérience devant la cour, à Versailles. — En 1784, Joseph exécutait à Lyon, dans un aérostat de 102 pieds de diamètre sur 126 de hauteur, le troisième voyage aérien. Six personnes l'accompagnaient : on s'était disputé les places.

Les deux frères chauffaient l'appareil avec un fourneau. Ce procédé dangereux fut modifié par Charles, qui substitua au feu de braise le gaz hydrogène beaucoup moins lourd que l'air.

Accueilli, protégé à l'Académie des sciences, Joseph Montgolfier chercha d'abord inutilement le problème de la direction des ballons; puis, mieux inspiré, il imagina le parachute.

La Révolution l'oublia, ce qui fut peut-être heureux pour lui : mais Napoléon qui cherchait à s'entourer des célébrités, le nomma administrateur du Conservatoire des Arts et Métiers et membre du bureau consultatif des Arts et Manufactures près le ministère de l'intérieur. En 1807, Joseph prit place à l'Institut. Il ne cessait pas, même dans sa vieillesse, de faire des inventions utiles : on lui doit notamment le *bélier hydraulique*, qui porte l'eau à 60 pieds de hauteur et un bateau qui remonte le courant le plus rapide en s'appuyant sur le fond. Il mourut en 1810, aimé de tous ceux qui l'avaient connu : car il était simple, bon, serviable, et jamais il n'avait été avare de ses idées et de ses conseils.

Magnin & Blanchard, Edit. Imp. Godard, Paris. Albert Chéreau dess.

Parmentier.

XVIII

PARMENTIER

Né à Montdidier en 1737. — Mort en 1813.

Les Anciens avaient coutume d'ériger un culte aux hommes qui rendaient de grands services publics. Chez eux, la reconnaissance se confondait avec la religion. A coup sûr, nous ne réclamons pas de tels honneurs en faveur de Parmentier qui dota notre pays d'un aliment précieux, la *pomme de terre;* mais que de gens ignorent le nom de ce philanthrope !

Ce fut au fond d'une prison que Parmentier conçut la première pensée du bienfait qui devait l'immortaliser et qui, à Athènes, eût fait de lui un demi-dieu. En 1757, la guerre de Hanovre ayant éclaté, le jeune Parmentier, qui était arrivé rapidement au grade de pharmacien en second dans l'armée, se fit distinguer non-seulement par l'habileté qu'il apportait dans ses fonctions, mais encore par l'intrépidité dont il donna des preuves éclatantes lors d'une épidémie qui fit de grands ravages. Ce n'était pas simplement dans les hôpitaux, face à face avec la fièvre et le typhus, qu'il s'exposait; sans doute il allait sur les champs de bataille, devançant Larrey, relever les blessés, et leur administrer des secours immédiats, sous le feu même de l'ennemi. Autrement, il serait difficile de comprendre qu'il ait été cinq fois fait prisonnier. Nous l'avons dit, c'est pendant une captivité militaire en Allemagne que Parmentier, réduit à la modeste ration des prisonniers, au lieu de s'indigner contre son frugal régime de pommes de terre, se prit philosophiquement à réfléchir sur la nature et l'utilité du *solanum tuberosum*, qui, transporté du Pérou en Europe dès les premières années du seizième siècle, avait été loin de partager la fortune immense du tabac et du café. Vainement Turgot, le grand économiste, chercha-t-il de son côté à propager en France cette plante essentielle : la routine et l'ignorance, qui toujours ont régné despotiquement dans notre pays, repoussaient la pomme de terre, la regardaient comme malsaine et l'abandonnaient aux plus vils animaux.

Parmentier avait ce génie pratique qui permet de deviner les ressources de l'avenir. Une fois qu'il eut son but devant les yeux, recherches, travaux, sollicitations, et même jusqu'à d'innocents artifices, rien ne coûta à cet homme ardent et infatigable. Un trait seulement : Dès trois heures du matin, il se mettait à travailler dans sa pharmacie de l'hôtel des Invalides, afin d'être plus libre dans la journée de courir chez les personnages puissants, et d'obtenir leur protection, en faveur de son rêve favori.

Tout le monde a entendu parler de la concession qui lui fut faite de cinquante arpents stériles dans la plaine des Sablons ; il va sans dire qu'il y planta de la pomme de terre. Chacun de bafouer le bonhomme qui espère faire sortir l'abondance de ses sables ; mais voilà que les tiges paraissent, que les fleurs se forment, et que les dociles tubercules vont atteindre leur maturité. Louis XVI, ce roi plus progressif qu'on a bien voulu le dire, daigna accepter, dans une réception solennelle, un bouquet de ces fleurs et le mettre à sa boutonnière. Aussitôt les courtisans ne voulurent plus porter que des fleurs de *solanum*.

Mais ce n'était pas assez que les tubercules fussent en faveur à la cour, il fallait qu'ils devinssent populaires. On plaça des sentinelles autour du champ d'essai. Cette précaution ne manqua pas d'exciter la curiosité et la convoitise de la foule. — « On vient la nuit voler vos pommes de terre, » dit-on en toute hâte à Parmentier. — « On les vole ? laissez faire ; le succès est assuré ! » s'écria le philanthrope, qui dans sa joie donna une gratification au porteur de cette bonne nouvelle. Ce ne fut pas tout : Il voulut que les savants, ayant à leur tête Franklin et Lavoisier, prissent part à un repas splendide où la pomme de terre, déguisée sous toutes les formes, fournit seule la substance de tous les mets, jusqu'aux liqueurs qui avaient été extraites par la distillation de la glucose.

Nous n'énumérerons pas les nombreux Mémoires que Parmentier écrivit sur les méthodes alimentaires. Les hommes de la Révolution ne comprirent pas qu'en restant étranger aux discussions politiques, il se tenait modestement dans un rôle plus utile. On commença par se méfier de lui ; on le priva de son logement aux Invalides, on lui enleva sa pension. « Ne nous parlez pas de ce Parmentier, s'écriait un orateur du club, il ne nous ferait manger que des pommes de terre ; c'est lui qui les a inventées. » Mais le jour vint où l'on fut trop heureux d'utiliser cet homme mis d'abord au nombre des *suspects*. Le gouvernement lui confia le soin de réorganiser le service pharmaceutique des armées, d'améliorer le pain des soldats et le biscuit des marins. Il régénéra les hôpitaux de Marseille, se rendit indispensable dans les conseils de salubrité et fut utile jusqu'à son dernier jour.

François de Neufchâteau avait proposé d'adopter et de populariser le nom de *Parmentière*, en souvenir du bienfaiteur ; mais cette pensée de justice n'a pas prévalu ; et, de même que l'Amérique n'a pas été baptisée par Christophe Colomb, qui l'a découverte, de même la pomme de terre n'a pas reçu le nom patronymique dont elle eût dû être parée.

Magnin & Blanchard, Edit. Imp. Godard. Paris. Albert Chereau dess.

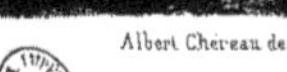

Lavoisier.

XIX

LAVOISIER

Né à Paris en 1743. — Mort en 1794.

On peut dire que le dix-huitième siècle a été le plus fécond en contrastes, et que, s'il fut témoin de bien des excès et agité par les doctrines les plus subversives, il donna carrière aussi à des vertus sublimes et à des efforts admirables. C'est à cette époque que Lavoisier, guidé par le sentiment du bien public, se livrait avec une ardeur infatigable aux expériences scientifiques. Et cependant il était né dans cette condition de fortune qui permet à un jeune esprit de se partager entre le loisir et le plaisir.

Mais non : à peine avait-il atteint sa vingtième année que, déjà mûr pour la raison, déjà hôte assidu de l'observatoire de la Caille, du laboratoire de Rouelle, compagnon des herborisations de Bernard de Jussieu, il concourait pour un prix proposé par l'Académie. Il s'agissait d'un nouveau mode d'éclairage pour la ville de Paris. Après plus de six mois d'un travail opiniâtre, il présenta son Mémoire à l'Académie, qui le couronna et le fit imprimer à ses frais. Lavoisier voulut que le prix, d'une valeur de deux mille livres, fût distribué à trois de ses concurrents pour les dédommager de leurs expériences coûteuses. Instruit de cette noble conduite, le roi fit remettre en séance publique au généreux lauréat une médaille d'or.

Ce n'était pour Lavoisier qu'un essai de ses forces. Il ne tarda pas à montrer quelle activité Dieu avait mise dans son âme honnête et zélée pour l'humanité. Il rédigea plusieurs Mémoires, un entre autres sur les couches des montagnes ; il fit des expériences d'une persévérance remarquable sur l'eau, sur les corps aériformes. En 1774, il publia les *Opuscules chimiques* dignes encore d'être consultés, malgré les immenses progrès accomplis par la science. Depuis sept années, les portes de l'Académie s'étaient ouvertes pour lui.

Les progrès de la chimie, la découverte de nouveaux corps et de composés nouveaux, réclamaient un changement dans la nomenclature. Cette tâche difficile fut entreprise par un comité de chimistes distingués que présida Lavoisier, et qui trouva le langage universel de la chimie, adopté depuis en médecine et en pharmacie. C'est sur ses nombreuses expériences et sur les principes qu'il en avait tirés que Lavoisier posa les bases de son admirable *Traité élémentaire de chimie,* publié en deux volumes en 1789.

La physique lui fut redevable également de notions nouvelles. Il s'occupa surtout de la chaleur. Toutes les conclusions qu'il tira ont été vérifiées trente ans après, et reconnues parfaitement justes.

Comme homme public, Lavoisier ne fut pas moins supérieur que comme savant. Voulant ne rien ménager pour ses utiles expériences, il songea à augmenter sa fortune, et se fit recevoir de la compagnie des fermiers généraux. Ce fut plus tard la cause de sa perte. La réputation dont il jouissait lui valut, en outre, sous le ministère Turgot, la place d'intendant de la régie des salpêtres. Appliquant ses connaissances chimiques à la fabrication des poudres, il en augmenta la force explosive et en quadrupla la production. L'agriculture aussi était l'objet de son attention, et il consacra une notable partie des terres qu'il possédait près de Vendôme à faire des expériences agricoles. Son traité sur *la richesse territoriale de la France* fut imprimé aux frais de l'État, par ordre de l'Assemblée constituante. Enfin, nommé commissaire de la Caisse d'escompte, il introduisit dans cette partie des finances une régularité telle, que chaque soir on pouvait, d'un coup d'œil, mesurer la proportion entre les revenus et les dépenses.

Partout, cet homme éminent et honnête introduisait la lumière. Tout ce qu'il y avait en Europe de savants illustres accourait se presser autour de lui pour admirer l'accord du génie et de la vertu.

Et cependant il se trouva des bourreaux pour Lavoisier !

Incarcéré comme *suspect,* il avait pensé que l'abandon de sa fortune suffirait à désarmer ses juges. Il était tranquille sur l'avenir, se disant que l'exercice modeste de la pharmacie lui fournirait le moyen de vivre.

Mais, par-dessus ses services, la Révolution voyait en lui l'ancien fermier général, et, le 6 mai 1794, Lavoisier monta sur l'échafaud « condanné à mort, comme convaincu d'être auteur ou complice d'un complot *qui a existé* contre le peuple français, tendant à favoriser les ennemis de la France ; notamment en exerçant toute sorte d'exactions sur le peuple, *en mêlant au tabac de l'eau* et *des ingrédients nuisibles à la santé des citoyens qui en faisaient usage.* »

Dans cet arrêt, le grotesque le dispute à l'horrible.

Lavoisier était occupé à réunir en un corps d'ouvrage tous ses Mémoires. Il demanda un délai pour laisser à la postérité son testament scientifique tout entier. On lui répondit : *La République n'a pas besoin de savants.*

Magnin & Blanchard, Edit. Imp. Godard, Paris. Albert Chereau dess.

Cuvier.

XX

CUVIER

Né à en 1769. — Mort en 1832.

Georges Cuvier reçut le jour à Montbéliard. Issu d'une famille protestante et pauvre, il fut élevé à l'académie de Stuttgard, espèce d'école polytechnique où l'on donnait une instruction à la fois normale et militaire. Il en sortit capable de briller dans toutes les carrières, d'endosser l'uniforme d'officier ou la robe de professeur, d'être avocat ou médecin, ou même de mener la vie d'artiste, grâce à la facilité de son crayon. Mais, contrairement à tous les hommes qui se sentent du mérite, il ne formait pas de rêves ambitieux. Il commença donc par remplir les fonctions de précepteur auprès d'un jeune gentilhomme protestant d'une famille de Normandie. Cette existence dans une studieuse retraite au bord de la mer fut favorable à ses études de naturaliste. Les relations du voisinage lui créèrent des amis savants et recommandables qui devinèrent le génie du jeune professeur et l'engagèrent à aller à Paris.

Dans la capitale, un homme tel que Georges Cuvier devait facilement se faire une position et donner l'essor à ses talents. Et comme a dit un homme d'esprit en parlant de ses débuts : « Il devint à l'instant l'égal de ses maîtres et le maître de ses égaux. »

Bientôt il fut nommé membre de la commission des arts, professeur à l'école centrale du Panthéon, et adjoint pour le cours d'anatomie comparée au Muséum d'histoire naturelle. Sa première leçon au Jardin des Plantes fut un véritable triomphe.

C'est alors que, rassemblant ses feuilles volantes, filons précieux d'où sortirent tant d'œuvres importantes, il publia divers essais qui parurent neufs et furent extrêmement goûtés.

Quelques ossements fossiles qu'il dut comparer à des os récemment dénudés donnèrent tout à coup à ses études une tendance précise vers un but déterminé. Il invita, par un programme qui fit sensation en Europe, les savants de tous les pays à lui envoyer les documents qu'ils pourraient se procurer pour venir en aide à ses idées sur les races détruites. Cet appel, qui profitait à ses lumières comme à sa renommée, fut entendu de toutes les parties du globe, et eut pour résultat d'enrichir son musée d'ostéologie, qui est devenu si utile à la science. Après avoir éclairé l'histoire des fossiles, Cuvier s'occupa de géologie. Nous n'entreprendrons pas de donner un aperçu de ses idées sur le globe terrestre et ses transformations successives. Nous dirons seulement qu'il respecta toujours les traditions sacrées, les croyances bibliques, et que, le regard levé vers le ciel, il s'inclinait en reconnaissant la vanité de tous les systèmes.

Cependant il ne faut pas croire que la vie de Cuvier fut totalement consacrée à la science. Sa rare capacité et ses aptitudes presques universelles en firent aussi un homme politique et un bon administrateur. Napoléon le nomma successivement inspecteur de l'Université, chevalier de l'Empire, maître des requêtes. On dit même qu'il avait le dessein de lui confier l'éducation du roi de Rome.

Louis XVIII reconnut aussi la gloire de Cuvier en l'élevant à de nouvelles dignités. Il le fit grand officier de la Légion d'honneur, baron, et enfin pair de France. Partout Cuvier fut supérieur à ses collègues et à ses devoirs. Oracle des académies, prince des savants, il fut surtout orateur. On l'écoutait avec bonheur, tant sa parole était harmonieuse et attachante. Il n'exista jamais d'homme plus accessible et plus serviable. Jamais non plus existence ne fut mieux ordonnée pour exclure l'oisiveté. Cuvier se délassait de l'étude en en diversifiant le sujet ; car toutes les connaissances lui étaient également familières. Si la gloire pouvait tenir lieu de bonheur, il n'eût eu rien à envier. Mais il éprouva des chagrins de famille.

Le plus grand de tous les mérites du baron Cuvier fut son caractère désintéressé et plein de noblesse.

Le 8 mai 1832, il rouvrit son cours au Collége de France. Après sa première leçon, il fut frappé d'une paralysie qui l'enleva en cinq jours. Dans ses derniers moments il montra une sérénité et un courage dignes de toute sa vie. On lui exprimait l'intérêt général dont il était l'objet. « J'aime à le croire, dit-il, il y a longtemps que je travaille à m'en rendre digne. »

Il n'était âgé que de soixante-trois ans. On dit que le crâne de cet homme d'un génie si universel avait des dimensions extraordinaires.

« Pour résumer ses ouvrages, a écrit un auteur, il faudrait passer en revue l'univers et les sciences qui en exposent les merveilles. »

Magnin & Blanchard, Edit. Imp. Godard, Paris. Albert Chéreau dess.

Aloys Sénefelder.

XXI

ALOÏS SENEFELDER

Né à Prague en 1771.—Mort en 1834.

Au nom de Senefelder répond l'invention glorieuse de la *lithographie* qui a exercé tant d'influence sur l'art contemporain, en plaçant à côté de la gravure un procédé bien plus simple, plus rapide et plus économique.

Le père de Senefelder exerçait la profession de comédien : il rêva pour son fils celle d'avocat, sans se demander si c'était là sa vocation, et, en conséquence, il l'envoya à l'université de Gœttingue. Ce père trop prudent vint à mourir, laissant le futur légiste absolument dénué de moyens d'existence. La fatalité poussait au théâtre ce jeune homme qu'on avait voulu en écarter. Il songea donc à imiter son père et à monter sur les planches, d'autant plus qu'en société il s'y était essayé avec succès.

Il débuta en effet à Munich en 1792 ; mais, soit que la timidité ait paralysé ses moyens, soit que le public se crût en droit d'être exigeant envers lui, il fut accueilli avec une telle froideur, que la direction ne voulut l'engager qu'en qualité de comparse.

Le pauvre père avait donc eu raison.

Senefelder renonça à l'art dramatique et se mit à écrire. Il composa deux comédies. Tandis qu'on les imprimait, il observa attentivement tous les ressorts de l'art typographique et se les rendit familiers. L'habileté qu'il y acquit lui inspira l'idée d'imprimer lui-même ses ouvrages. Mais pour cela il fallait payer un droit assez lourd ; et il est plus facile d'avoir du talent que de l'argent.

Ainsi vint à Senefelder l'idée que s'il pouvait trouver un nouveau mode de typographie, l'État n'aurait pas à lui demander un thaler. Il imagina de graver ses compositions sur cuivre; puis d'employer pour le stéréotypage de la cire à cacheter et même du bois : mais l'exécution en grand eût exigé des capitaux considérables. Chemin faisant, il découvrit une encre chimique, presque la même que l'encre lithographique. Une découverte conduit à une autre. Cherchant pour nettoyer ses planches de cuivre une nature de pierre qui ne fût pas trop dure, il se souvint que sur les bancs de sable de l'Ister il avait vu des pierres qui pourraient servir à cet usage; mais il se rappela celles qu'on emploie à Munich pour carreler les appartements, et ce furent celles-là qu'il adopta. Il essaya d'écrire sur cette surface lisse. Il venait de dégrossir une pierre pour continuer ses essais, lorsque sa mère le pria d'écrire le linge qu'elle allait donner à laver; ne trouvant pas de papier sous sa main, il prit le parti d'écrire le mémoire sur sa pierre en se servant de son encre chimique, dans l'intention de le transcrire ensuite. L'idée lui vint de voir ce que deviendraient ces lettres en posant sur la pierre une préparation d'eau-forte, et d'essayer en même temps s'il ne serait pas possible d'encrer ces caractères de la manière usitée pour la gravure sur bois. L'acide dont il se servit pour cette opération était d'une force telle, qu'il donna à l'écriture un relief de l'épaisseur d'une carte à jouer. D'autres essais faits avec des tampons furent plus heureux. La lithographie était trouvée.

Malgré ce succès, Senefelder ne put tirer aucun parti de son importante découverte. Réduit à l'indigence, il consentit à remplacer un artilleur moyennant deux cents florins, et alla à cet effet se présenter à l'autorité militaire d'Ingolstadt. Mais cette dernière ressource lui manqua; il fut refusé comme étranger, et revint à Munich. C'est alors qu'il essaya d'appliquer de nouveaux procédés à l'exécution des planches de musique. Le directeur des concerts, M. Glesner, se fit volontiers son associé; un marchand nommé Falter voulut essayer la découverte: mais les frais étaient trop considérables. Cependant M. Steiner, membre du conseil des écoles, qui avait vu une petite vignette lithographiée par Senefelder, le chargea de dessiner sur pierre des images pour un catéchisme. Quelque médiocres que fussent ces dessins, ils montrèrent toujours la possibilité de reproduire par la lithographie toutes sortes de traits ou de points. Après des *milliers d'essais*, l'inventeur parvint à être maître de son art. Secondé par ses frères et par de nombreux ouvriers qu'il avait formés, il obtint des principaux marchands de musique d'Allemagne leurs ouvrages à lithographier. En 1799, le roi Maximilien-Joseph lui accorda un brevet d'invention pour quinze ans. Dans la même année, André d'Offenbach, célèbre éditeur de musique, vint à Munich où il fut tellement enchanté des travaux de Senefelder qu'il voulut s'associer à lui. Depuis, les succès ne firent que croître et ce furent les gouvernements eux-mêmes qui établirent des ateliers lithographiques. Senefelder a joui pleinement de sa célébrité et surtout du bonheur inestimable d'avoir été utile.

Magnin & Blanchard, Edr.
Imp. Bouasse Paris.

Jacquart

XXII

JACQUART

Né en 1752 —Mort en 1834.

On se sent pris d'une vénération profonde envers cet homme de génie qui usa du don inné de la mécanique pour le salut de ses semblables. Tout ce que n'eussent pu faire ni l'hygiène, ni la médecine, ni les progrès des temps, il l'a opéré avec un métier. Il a été le bienfaiteur, — c'est peu dire, — le sauveur de cette classe des canuts de Lyon qui croupissaient dans la misère, la souffrance, la difformité, et qui ne connaissaient pas la vieillesse. Il a même enrichi sa ville natale, où, grâce à sa découverte, l'industrie a triplé son essor. Et ce qui rend encore plus respectable et plus glorieuse l'auréole dont sa mémoire est entourée, c'est qu'il a subi la persécution.

Le père de Charles-Marie Jacquart était lui-même du nombre des *canuts;* seulement, il était des privilégiés: car il possédait un atelier de tissage; sa mère, était *liseuse de dessins.* Ni l'un ni l'autre ne songeaient que leur fils pût exercer un état autre que le leur, et surtout recevoir la moindre instruction. Vainement Jacquart implorait-il ce bienfait: ses parents restèrent sourds à ses prières. En attendant qu'il fût en âge de travailler, on le laissait libre, et déjà il montrait son étonnante aptitude en construisant de petites maisons avec mobilier complet.

Orphelin à l'âge de vingt ans, il se maria et fut bientôt réduit pour subsister, à accepter un chétif emploi dans une carrière à plâtre du Bugey. La révolution arriva: Jacquart en avait embrassé les principes avec ardeur. Mais il fut des premiers à concourir à la défense de Lyon, quand cette ville eut arboré l'étendard de la résistance. Après la mitraille, l'échafaud. Jacquart dut se cacher pour se soustraire à la proscription. Il avait dans l'armée républicaine un fils qui le sauva de ce danger. Le pieux jeune homme couvrit son père d'une cocarde tricolore, lui mit le fusil à la main, le coucha sur les contrôles d'un bataillon, et ils marchèrent ensemble à la frontière.

De retour dans sa ville natale, l'ouvrier lyonnais, quoique dans le plus grand dénûment, attacha sa pensée à simplifier ces métiers si compliqués, et à modifier une industrie qui tuait ses enfants. Son génie inventif s'étendait par la méditation.

Quelques hommes généreux se cotisèrent. Jacquart put construire sa machine et la présenter à l'Exposition de l'industrie en 1801. Le jury lui octroya une médaille de bronze, la plus modeste récompense.

L'année suivante, le premier Consul vint à Lyon. Cet événement attira dans la ville une foule de savants et d'artistes étrangers qui allèrent voir Jacquart, et lui donnèrent d'unanimes témoignages d'estime.

Plus tard, mandé à Paris par Napoléon qui lui promit sa protection, il fut installé au Conservatoire. On lui ordonna de construire une machine pour la confection des filets de pêche maritime, et il la construisit. Bientôt il découvrira le principe unique qui domine toutes les combinaisons du tissage.

Lyon redemandait Jacquart : il y revint et monta avec succès des métiers à tapisserie. Un décret impérial autorisa l'administration municipale à accorder à Jacquart une pension viagère de 3,000 francs; moyennant cette bouchée de pain, il cédait à la ville toutes ses machines, tous ses procédés, toutes ses découvertes passées et futures.... Le pauvre ouvrier se contentait de peu, il est vrai qu'il avait du génie.

Encore s'il eût pu jouir tranquillement de son œuvre! Les canuts, aveugles comme le sont toujours leurs pareils quand un progrès les effraye, s'ameutèrent contre Jacquart. « A mort l'ennemi qui veut nous réduire à la misère!.... Jetons-le dans le Rhône! » Déjà on l'entraînait, déjà les bras des furieux allaient le lancer dans le fleuve, lorsque des secours arrivèrent à temps. Mais, si on ne tuait pas l'inventeur, on voulut du moins tuer l'invention : le nouveau métier fut, par ordre des prud'hommes, porté et mis en pièces sur la place des Terreaux, aux acclamations de la foule....

A la patience de l'ouvrier lyonnais, il n'y avait d'égal que son désintéressement. L'étranger lui fit des propositions magnifiques; il les repoussa sans dédain, mais avec fermeté.

Après l'exposition de 1819, il reçut la décoration de la Légion d'honneur. Il en était fier, mais il ne l'avait pas sollicitée.

Sur la fin de sa vie, Jacquart se retira dans une modeste campagne près de Lyon. « C'est là, dit Léon Faucher, que d'illustres voyageurs, des savants, venaient le chercher, tout étonnés de l'existence modique d'un homme dont le nom était européen. Jacquart se trouvait heureux de cet empressement, mais il n'en ressentait aucun orgueil. La gloire avait été pour lui chose si laborieuse, elle était venue si tardivement et après tant d'amertumes, qu'il avait bien le droit de la prendre en pitié. »

Le digne vieillard s'éteignit dans cette paisible retraite, le 7 août 1834, à l'âge de quatre-vingt-deux ans. Il ne laissait que quelques milliers de francs pour la fidèle servante qui avait partagé ses périls et sa misère.

La reconnaissance nationale lui a érigé une statue sur la place Sathonay.

Maguin & Blanchard Edit. Imp. Godard, Paris. Albert Chereau dess.

Daguerre et Niepce de St Victor.

XXIII

LOUIS DAGUERRE

Né en 1789.—Mort en 1851.

L'HUMBLE bourg de Cormeilles-en-Parisis a eu l'honneur de donner naissance à l'illustre auteur d'une des plus grandes découvertes modernes,—le *Daguerréotype* devenu la *Photographie*.

Avant de songer, en compagnie de Niepce, à fixer les images par la réflexion solaire, Daguerre n'avait pensé qu'à être lui-même le dieu Soleil avec son crayon et ses pinceaux.

Selon l'usage invariable, sa famille vit avec répugnance la vocation ardente qui le poussait vers le pinceau. Dire qu'il surmonta à force de constance cette opposition trop prudente, c'est refaire toujours la même histoire. Enfin le jeune Daguerre put aller étudier chez Degoti, peintre de l'Opéra, et désormais son sort fut fixé: il avait choisi avec sagacité le genre qui lui convenait le mieux.

Le jour vint où Daguerre, en élève reconnaissant, put aider son maître dans ses travaux, et il ne s'y épargna pas; plus tard, appelé à relever le théâtre de l'Ambigu, il en fit réellement la fortune par la nouveauté et la magie de ses décorations. Il agrandissait la scène, grâce à l'habileté de ses lignes de perspective; il donnait à ses montagnes une hauteur immense, à ses eaux une limpidité et une fraîcheur délicieuses. Aucune des beautés de la nature ne lui échappait: tout, sous sa main, prenait l'accent du paysage le plus parfait. C'était au point que la foule se pressait moins pour entendre les pièces, que pour contempler les décorations de Daguerre.

De cette scène désormais trop étroite pour son talent, il passa à l'Opéra comme auxiliaire de Ciceri, avec qui il partagea la gloire des décors de la *Lampe merveilleuse*.

Tant de travaux ne suffisaient pas à son activité: le *Diorama* parut. Nul n'ignore que c'est la représentation sur une grande échelle des sites les plus remarquables. D'après ses plans, un édifice spécial fut bâti par l'architecte Châtelin, derrière le boulevard

Saint-Martin. Là, Daguerre transportait le spectateur tantôt sous d'immenses basiliques, tantôt dans un désert aride. Personne n'a oublié le succès de la *Messe de minuit à Saint-Étienne du Mont.*

Au milieu même de sa vogue, un incendie, en dévorant le Diorama, atteignit cruellement Daguerre dans sa fortune.

Mais la découverte qui porte son nom le dédommagea amplement en lui valant une célébrité éternelle.

Déjà, au XVIIe siècle, Porta, Charles Wedgwood et Humphry Davy avaient essayé de reproduire des silhouettes, à l'aide de l'action lumineuse : mais ces images noircissaient dès qu'elles étaient exposées au grand jour. En 1814, Niepce faisait les mêmes tentatives, et avait obtenu des copies photographiques insensibles à l'action du soleil : apprenant, en 1829, que Daguerre s'occupait du même objet, il s'associa à lui. Après la mort de Niepce, Daguerre apporta de si notables perfectionnements dans les procédés connus jusqu'alors, qu'en définitive l'honneur de la découverte lui est resté presque entier. Il en est peu qui aient produit une plus profonde sensation. Le 9 janvier 1839, François Arago rendit compte à l'Académie des sciences de cette merveilleuse conquête de l'esprit humain, et demanda que le gouvernement fît l'acquisition du procédé. Les Chambres votèrent à cet effet une pension de 6,000 fr. à Daguerre et de 4,000 à Niepce.

On sait comme ce procédé s'est répandu, et de combien de perfectionnements sa création a été suivie. La *Photographie* actuelle avec ses verres albuminés, son papier spécial, son nitrate d'argent, son iodure, son acide cératique a réalisé des progrès extraordinaires. C'est à peine si on se doute de la place immense que la Photographie prendra dans la vie des peuples.

Daguerre lui-même s'occupait activement de perfectionner son invention, quand la mort vint l'atteindre en 1851, à Petit-Brie-sur Marne, où un monument lui a été érigé par souscription.

Magnin & Blanchard, Edit. Imp. Godard, Paris. Albert Chereau dess.

Mosse

Inventeur du Télégraphe Electrique.

XXIV

SAMUEL MORSE

Né en 1791 à Charlestown (Massachusetts).

Celui-là vit encore et peut jouir pleinement de sa gloire, ce qui si rarement est accordé à l'homme supérieur. — La peinture eut de bonne heure toute sa prédilection. Comprenant bien que les modèles ne se trouvent pas dans l'Amérique sa patrie, il se résolut à faire le voyage d'Europe où il vint en 1811. A Londres, il se lia d'amitié avec Leslie, travailla dans l'atelier de West et fit des progrès si rapides qu'il exposa, en 1813, aux applaudissements des connaisseurs, *Hercule mourant*, et, l'année suivante, le *Jugement de Jupiter*. — En 1815, il retourna aux États-Unis, et ce même artiste, qui avait été à Londres l'objet de tant d'ovations, gagna péniblement sa vie à Boston, puis à New-Hampshire en faisant des portraits aux prix les plus modiques. Divers travaux, bien que considérables, n'avancèrent nullement sa fortune jusqu'en 1820 où il retourna en Europe pour se perfectionner dans son art.

Ce fut pendant son retour en Amérique, en 1822, que lui vint l'idée du *Télégraphe électrique*, cette découverte qui, plus encore que la vapeur a supprimé les distances et juxtaposé les nations. Sur le paquebot, un passager se mit à parler des expériences qui venaient d'être faites à Paris sur l'électro-magnétisme, dont Œrstedt et Ampère avaient révélé la puissance mystérieuse. Une discussion s'éleva, au sujet de l'intervalle de temps que le fluide électrique emploie pour traverser un fil de fer de cent pieds de long. Sur la remarque d'un des interlocuteurs, que la transmission est instantanée, Morse se demanda si l'on ne pourrait pas se servir de l'électricité comme d'un moyen de transmettre la pensée à une distance quelconque. Ce fut là pour lui un trait de lumière.

Déjà Franklin avait songé à employer l'électricité à la transmission des dépêches. En Suisse, en Espagne, divers savants avaient fait des essais et construit des machines pourvues de fils conducteurs. Morse devait amener la question à l'état définitif.

Il fit de nombreuses expériences et l'on jugera qu'il eut peine à obtenir de ses compatriotes une sérieuse attention, si l'on songe que le premier télégraphe électrique ne fut établi qu'en 1844 entre Baltimore et Washington.

La première dépêche transmise fut l'annonce de l'élection de James Park à la présidence.

Dès l'année suivante, le gouvernement français, jaloux de concourir à la mise au jour d'une aussi grande découverte, demanda aux Chambres une allocation de 240,000 fr.

Voici en quelques mots le système de Morse :

A la station où doit arriver la dépêche, ayons une longue bande de papier qui puisse se mouvoir entre deux rouleaux au moyen d'un mécanisme quelconque. Au-dessus de la bande de papier se place une pièce de fer, destinée à être alternativement aimantée : son mouvement de bascule entraîne un pinceau. Au moment où le courant passe, la pièce est attirée par une masse de fer stationnaire; elle bascule et pousse le pinceau jusqu'au papier. C'est de la durée de ce courant que dépendra la variété des signaux. S'il ne dure qu'un instant, le pinceau ne tracera qu'un point; s'il a duré un peu plus, le pinceau ne se relèvera qu'après avoir imprimé sur le papier un trait d'une longueur sensible. On peut donc faire succéder un point à un point, un point à un trait, intercaler un point entre deux traits, un trait entre deux points, etc., etc., produire, en un mot, tous les signaux nécessaires à la correspondance la plus variée.

Avec le procédé de Morse, qui reçut bientôt en France d'importantes modifications, on parvint dès 1845 à noter jusqu'à 84 signaux dans une minute. Ce procédé fut en 1851 adopté en Allemagne, et en 1856 les différents gouvernements, représentés au Congrès de Paris, allouèrent à l'illustre inventeur une somme de 400,000 fr. à titre de récompense.

« Passionné pour tout ce qui est vrai, noble et beau, dit M. Hœfer dans une excellente biographie, M. Morse n'a pas renoncé à son art favori; heureux au sein de sa famille, il continue à cultiver la peinture avec succès, dans sa résidence de Locust-Grove, sur les bords de l'Hudson. »

www.ingramcontent.com/pod-product-compliance
Ingram Content Group UK Ltd.
Pitfield, Milton Keynes, MK11 3LW, UK
UKHW020328250726
13967UKWH00004B/1923